キミの一歩

アフリカ

味田村太郎

ゾウを食べるにはひと口ずつ

もくじ

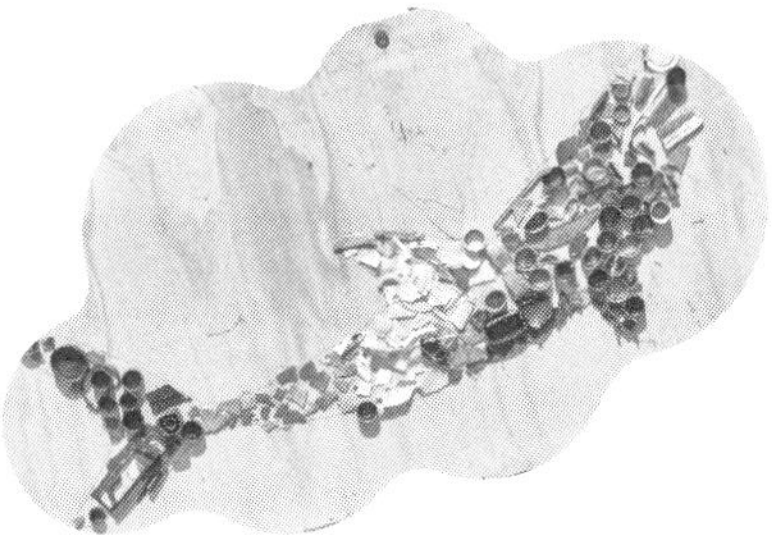

写真提供（ライオン、ゾウ）：
BORN FREE

はじめに

ぼくがアフリカを初めて訪《おとず》れたのは大学生のときです。

日本のNGO《エヌジーオー》のボランティアとして、東アフリカのケニアに、さまざまな支援物《しえんぶっ》資《し》を届《とど》けるために行きました。NGO《エヌジーオー》とは、さまざまな支援《しえん》活動をする民間の団体《だんたい》です。

「アフリカの人たちのために」と意気込《いきご》んでいたものの、慣《な》れない土地で体調を崩《くず》し、反対にアフリカの人たちに助けてもらうこともしばしば。

どんなに苦しい状況《じょうきょう》の中でも、たくましくて優《やさ》しいアフリカの人たちにふれたぼくは、彼《かれ》らの生きる力にひかれ、アフリカを大好きになりました。

大学を卒業したら、アフリカでいつか仕事をしたいと夢《ゆめ》を持ちました。

そして記者になってから二〇年。待ち望んでいたチャンスが訪《おとず》れたのです。

南アフリカに新たに支局《しきょく》を作ることになって、最初の支局長《しきょくちょう》として赴任《ふにん》することになりました。

ぼくの「一歩」だった、あのアフリカ。

やっとその「一歩」の続きを踏《ふ》み出すことができて、ぼくは感無量でした。

南アフリカには、家族で引っ越《こ》すことにしたので、まだ中学生だった息子二人も現地《げんち》の私立《しりつ》中学校に転校することになりました。

ユニークだったのは、日本のようにひとつのクラブ活動を卒業まで頑張《がんば》るという価値観《かちかん》はなく、学期ごとにクラブ活動を生徒たちが選べるということでした。

子どもたちもそれぞれテニス、チェス、ボランティア部などに入って楽しんでいたようです。

次男が頑張《がんば》っていたのは、タッチラグビーでした。

ラグビーのように「タックル」するのではなく、安全に楽しむスポーツです。

しかも男女混合《こんごう》チームでプレイすることができ、南アフリカの学校で盛《さか》んでした。

次男は、州対抗《たいこう》の国体に出ることになり、選手たちは会場近くのホテルに宿泊《しゅくはく》しました。

練習と試合で疲《つか》れても、ホテルに戻《もど》ると、子どもたちが集まれば、大はしゃぎとなります。

次男たちが、ホテルのロビーで走ったりしてふざけていると、監督《かんとく》から、「ホテルで騒《さわ》ぐのはいいことか考えなさい。きみたちは、親がお金を出してくれるからホテルに泊《と》まることができている。しかし貧《まず》しい生徒たちが多いチームの中には、ホテル代が払《はら》えなくて野宿しているチームがあることも忘《わす》れてはいけない」と強く言われたそうです。

そんな経験《けいけん》からか、次男は、クラスの友人たちと一緒《いっしょ》に、タウンシップと呼《よ》ばれる貧困《ひんこん》地区にある中学校で、数学を教えるボランティア活動を始めました。

次男が訪問《ほうもん》して驚《おどろ》いたのは、学校なのに窓《まど》ガラスは割《わ》れたままで、水道や電気も止まっていて、明かりは太陽の光だけでした。

先生も不足していて、授業《じゅぎょう》ができない時間もありました。

また、その中学校には図書室はあっても、本がほとんどありませんでした。

そうしたなかでも、勉強熱心な生徒たちが多く、次男たちに勉強を教わるのを楽しみにしてくれていたようです。

次男は、「ぼくが行っている学校と環境《かんきょう》がこんなにもちがうなんてびっくりしたけど、子どもたちがみんな明るくて、ぼくたちが教えるのを一生懸命《いっしょうけんめい》聞いてくれた」と喜《よろこ》んでいました。

息子たちは、約三年間アフリカで暮《く》らして、大学受験のために帰国しました。

大学では途上国《とじょうこく》のことをもっと知りたいと思って勉強していたようです。

長男は大学卒業後、海外営業《えいぎょう》の仕事をし、アフリカ担当《たんとう》になり、何度も南アフリカに出張《しゅっちょう》して、級友たちとも交流を続けています。

次男は修士課程《しゅうしかてい》に進んで干《かん》ばつなど地球温暖《おんだん》化の影響《えいきょう》について研究しているようです。

アフリカでの経験《けいけん》や友人は、ぼくとおなじように、息子たちにとっても、かけがえのない「一歩」となったのです。

これから、みなさんにお話しするアフリカの子どもたちは、ぼくがアフリカに滞《たい》在《ざい》していたときに、アフリカ各地で出会った子どもたちです。

それぞれ大きな目標や夢《ゆめ》を持っています。

その目標の実現《じつげん》を目指し、「一歩一歩」、勇気を出して前に進んでいきます。

知らなかった暮《く》らしや、知らなかった人たちの生き方を知るだけでも、ぼくは大きな「キミの一歩」になると思っています。

アフリカには、「ゾウを食べるにはひと口ずつ」という諺《ことわざ》があります。どんなに困難《こんなん》に見えることでも、小さなことから始めれば終わりがくる、というような意味です。

この本を手に取ってくれたみなさんが、アフリカの子どもたちのことを少しでも身近に感じ、世界を広げるきっかけになってくれたらと願っています。

第一章

いま夢《む》中《ちゅう》になっているものは？

チェスで夢《ゆめ》を描《えが》く

アフリカでチェスが人気？

みなさんはチェスが好きですか？

日本でもポピュラーなボードゲームですが、まだやったことがない人もいるかもしれませんね。

アフリカでは、いろんな地域《ちいき》で、いま人気のゲームです。

でも、どうしてアフリカでチェスが人気なのでしょうか。

その秘密《ひみつ》を探《さぐ》るため、ぼくが訪《おとず》れたのがアフリカ大陸の東にあるケニアの首都ナイロビです。

アフリカと聞くと、ライオンやゾウといった野生動物と、昔ながらの暮《く》らしをす

ナイロビ上空からの景色

る人々《ひとびと》を思いうかべるかもしれません。

もちろんそれもアフリカなのですが、ぼくがいるのは多くの車が走り、高層《こうそう》ビルも建ち並《なら》ぶ大都市です。

ナイロビは都会でありながらも、青い空が広がり緑も多く、とても美しい街です。


ぼくはまず、ある団体《だんたい》に紹介《しょうかい》してもらった、十歳《さい》のマイケルくんの家を訪《たず》ねました。

マイケルくんは、ナイロビ郊外《こうがい》で暮《く》らしています。

彼《かれ》は、小学校の休み時間には、いつも友だちとチェスをするほどチェスが大好きです。

みなさんはご存知《ぞんじ》かもしれませんが、念のためチェスについて簡単《かんたん》に解説《かいせつ》します。

チェスとは、世界中で愛好されている、歴史《れきし》があるボードゲームです。お互《たが》いに六種類の駒《こま》を動かして戦い、相手の王様の駒《こま》、「キング」を追いつめていきます。

相手のキングがもう逃《に》げられなくなった状態《じょうたい》が「チェックメイト」で、勝ちとなります。映画《えいが》「ハリー・ポッターと賢者《けんじゃ》の石」では、ロンが石像《せきぞう》をあやつってチェスの勝負をしていました。

日本でブームになっている将棋《しょうぎ》とよく似《に》ていますが、日本を含《ふく》めて世界中で愛されています。

最高レベルのチェスプレイヤーは、「グランドマスター」と呼《よ》ばれ、アフリカの子どもたちにとってもあこがれの存在《そんざい》です。

アフリカでは、学校のクラブ活動などでチェスを取り入れるところが増《ふ》えています。それというのも、チェスには、問題を解決《かいけつ》する能力《のうりょく》、理解力《りかいりょく》、集中力など、学力向上に役立つさまざまな効果《こうか》も期待できると考えられているからです。

机《つくえ》に座《すわ》ることがそもそも苦手な子もいます。ところがチェスとなれば、楽しくていつまでもイスに座《すわ》り、机《つくえ》に向かって集中することができる、というわけですね。

その結果、勉強の習慣《しゅうかん》がつき、ほかの教科の勉強にも良い影響《えいきょう》を与《あた》えると言われています。

学校でも大人気

マイケルくんも、母親にすすめられて一年前からチェスを始めました。

今では家に週一回、チェスの家庭教師《きょうし》に来てもらって、強くなりたいと思っている

熱心にチェスを楽しむ子どもたち

ほど好きになりました。

ぼくがマイケルくんの家を訪《おとず》れたときも、ちょうどレッスンの日でした。

「サッカーも好きだけど、チェスも大好きさ」

と話していたマイケルくん。

チェスのインストラクターの男性《だんせい》と向かい合わせでテーブルに座《すわ》ると、背筋《せすじ》を伸《の》ばして集中して、駒《こま》を並《なら》べ始めました。

レッスンは、実際《じっさい》にゲームをしながら、チェスの戦術《せんじゅつ》、攻《せ》め方などを学んでいきます。

レッスン中のマイケルくん

「先を読まなければ駄目《だめ》だ！　何度も言っているでしょう」

「真ん中を制圧《せいあつ》しないといけない！」

指導《しどう》に思わず熱が入ります。

インストラクターの男性《だんせい》は真剣《しんけん》にマイケルくんに教えていました。

子どもが習い事をする様子は、どこの国もそう変わらないなと思いました。

一時間ほどのレッスンのあと、ほっとした表情《ひょうじょう》で、マイケルくんはケニアのおやつで小麦粉《こむぎこ》で作られた揚《あ》げパン、マンダジを美味《おい》しそうにほおばりました。

「ぼくの学校でもいまチェスが流行《はや》っています。学校のクラブ活動でもチェス部に入っていて、ほかの学校の小学生たちとゲームをすることがあります」

マイケルくんは誇《ほこ》らしそうに続けます。

「チェスをしていると、次のステップをどんどん考えなければならないので、とても疲《つか》れますが、ゲームが終わったあとは、頑張《がんば》ったという気持ちになれるし、ほかの勉強も頑張《がんば》ろうと思います」

ぼくはこの日、インストラクターの男性《だんせい》とも知り合いになることができました。

彼《かれ》の名前は、ブライアン・キデゥラさん。

ブライアンさんは立派《りっぱ》な体格《たいかく》で口ひげもあって貫禄《かんろく》がありますが、大きな目がとても優《やさ》しそうな印象《いんしょう》です。

ブライアンさんが個人《こじん》的に教えている生徒の中には、ケニアの全国大会で優勝《ゆうしょう》した子どももいます。さらにケニア代表の女子チームのコーチを務《つと》めたこともあります。彼《かれ》は名コーチと言ってもいいでしょう。

ブライアンさんは、チェスがいかに子どもの教育にいいか、そしてどうすればチェスが上達するか、説明してく

ブライアンさん

れました。

「チェスの一番いいところは、最後まで諦《あきら》めないという強い気持ちを育ててくれるところです。チェスで強くなるためには、鍛錬《たんれん》が必要です。練習を重ねることで上《じょう》手《ず》になっていくのです」

チェスの魅力《みりょく》だけでなく、チェスで培《つちか》われる力への期待が、チェスの人気の理由になっているのでしょう。

でも、チェスの人気には、まだ秘密《ひみつ》があったのです。

ある映画《えいが》の存在《そんざい》

ブライアンさんはチェスの教室を有料で開いているだけでなく、ケニアの貧《まず》しい地区で子どもたちにチェスを無料で教えるボランティア活動もしています。

まさにある映画《えいが》に出てきたインストラクターのように。

アフリカでチェスの人気が広がっている大きな理由として、ある映画《えいが》の上映《じょうえい》がありました。

それは、ディズニー映画《えいが》「クイーン・オブ・カトゥエ」（邦題《ほうだい》「奇跡《きせき》のチェックメイト」）です。

この映画《えいが》は、ケニアの隣国《りんごく》、ウガンダで貧《まず》しい生活を送っていた少女フィオナがチェスと出会い、成功する物語です。

フィオナは、子どもたちの支援《しえん》をしているインストラクターのもとで懸命《けんめい》に努力し、チェスのプレーヤーとして実力をつけていきます。

そして、ついに世界大会に出場するというサクセスストーリーを描《えが》いているのですが、この映画《えいが》は本当にあった話にもとづいているのです。

スラムの子どもたちがこの映画《えいが》を観たとき、中には、泣いていた子どももいたといいます。

フィオナが暮《く》らしているのは、スラムと呼《よ》ばれる、貧困《ひんこん》地区です。

アフリカでは、多くの貧《まず》しい人たちがスラムで暮《く》らしています。

そのため、フィオナの貧《まず》しいスラムでの生活に、子どもたちは自分のいまの暮《く》らしを重ね合わせたのでしょう。

フィオナがスラムから抜《ぬ》けだし、チェスのプレーヤーとして活躍《かつやく》する姿《すがた》に〈自分も頑張《がんば》れる〉と元気になってスラムに帰っていった子どももいました。

フィオナの姿《すがた》が、子どもたちに夢《ゆめ》を与《あた》え、大いに勇気づけたのでした。映画《えいが》を観たあと、女の子の一人はこう語っていたそうです。

「私《わたし》はスラムの出身だけど、私《わたし》がチェスをしているのを見たら、みんなそうは思わないわ。

私《わたし》のことを街から来た女の子だと

スラム街とビル

思うはずです。

スラムで生まれたから、スラムで死ぬまで暮《く》らす。そうじゃないの！ 私《わたし》はチェスのグランドマスターになって、スラムの人たちに希望を与《あた》えたい。映画《えいが》を観て自分の人生を決して諦《あきら》めてはいけないと思いました」

自分もフィオナのようになれる。この夢《ゆめ》と希望が、チェスの人気を後押《あとお》ししているのです。

ブライアンさんの過去《かこ》

ところで、インストラクターのブライアンさんは、どうして子どもたちにチェスを教えるようになったのでしょうか。

ブライアンさんがチェスの駒《こま》を初めて動かしたのは、高校生のときでした。遊びに行った同級生の家で、同級生の兄やその友だちがチェスをしていたのです。誘《さそ》われるまま、ブライアンさんも駒《こま》を動かしてみました。

駒《こま》を置くたびにコツンと良い音がして、気持ちよく感じました。

年上の人たちが真剣《しんけん》な表情《ひょうじょう》でチェスをしているのを見て、自分もやりたいと思うようになり、同級生の家をよく訪《たず》ねるようになりました。

いったん始めると、すぐに夢中《むちゅう》になる性格《せいかく》だったブライアンさんは、本を読んで自分でも勉強しながら上達していきました。

しかし高校を卒業したあと、仕事が見つからず、両親ともケンカをして家を出て行くことになってしまいました。

行くあてもなく、たどり着いたのがナイロビ市内にあるスラムで、そこで暮《く》らすようになりました。チェスからも遠のいていきます。

ブライアンさんは話します。

「あの時代はいま振《ふ》り返っても、本当に辛《つら》かったです。スラムの子どもたちが貧《まず》しさの中で学校にも行けず、だんだん不良になっていく姿《すがた》を多く見て、悲しく感じていました。私《わたし》自身も将来《しょうらい》への夢《ゆめ》がなく、そんな子どもたちに何もしてあげられませんでした」

このときの経験《けいけん》が、のちにブライアンさんがスラムの子どもたちの支援《しえん》に取り組むきっかけになっていきます。

ブライアンさんは、国際的《こくさい》な農業団体《だんたい》の事務担当《じむたんとう》として働くようになり、一年ほどでスラムを出ることができました。

ぼくはチェスのおかげで、きっとブライアンさんは最後まで頑張《がんば》れたのだと感じます。

ブライアンさんは、大好きだったチェスも再開《さいかい》します。仕事をしながら、ケニア国内で開かれるトーナメントにも参加して活躍《かつやく》します。

チェスのプレーヤーとしては、ケニアではトップレベルにいたものの、やがて限界《げんかい》を感じるとともに、むしろインストラクターとして、子どもたちを育てたいと思うようになっていきました。

そして一〇年前のことでした。

思い切って仕事を辞め、チェス教室を開いたり、インストラクターを派遣《はけん》してチェスの個人教師《こじんきょうし》を行ったりする団体《だんたい》を立ち上げました。

この決断《けつだん》を理解《りかい》してくれた妻《つま》のテリーさんの名前を取って、団体《だんたい》の名前は、「テリアン・チェス・アフリカ」と名付けました。

「人生一回だと思ったのです。好きなチェスをして、子どもたちを支援《しえん》することに自分の時間をもっと使いたい、子どもたちがチェスを通じてチャンスをつかむ、そうした手伝いをしたいと決断《けつだん》したのです」

ブライアンさんは自分の人生にチャンスを与《あた》えてくれたチェスだからこそ、スラムの子どもたちにも、チャンスと大きな自信を与《あた》えてくれると信じたのです。

スラムへ

ブライアンさんがスラムの子どもたちにチェスを教えに行く日、ぼくも同行しました。

スラムは治安が悪いと言われます。

ぼくは少し緊張《きんちょう》しながら現地《げんち》を訪《おとず》れました。

向かったのは、「ディープ・シー」と呼《よ》ばれるスラムでした。

「深い海」という意味で、海底のような急な斜面《しゃめん》に貧《まず》しい街が広がっていることから、そう名付けられました。

ここには二万人ほどの住民が暮《く》らしています。街の中に入ると、人、人、人、あふれんばかりの住人たちが狭《せま》い路地や赤土の道を歩いていました。

ムワッとしたような熱気が感じられます。

ここでは電気やガス、水道や下水道もありません。

小さな家々《いえいえ》が密集《みっしゅう》していて、さびた鉄板が壁《かべ》や屋根に使われています。

スラム街でサッカーをする少年（左）　スラム街の路地（上）

夏には、室内に熱がこもって大変な暑さとなります。

国連によると、ナイロビ市内では、人口の半数以上、およそ二五〇万人が二〇〇ほどのスラムで暮《く》らしているとされています。

路上には魚や小麦といった生活に必要な食品が並《なら》べられ、活気がありました。

子どもたちの姿《すがた》も多く見かけます。でこぼこの道で、子どもたちが元気よく砂《すな》ぼこりを上げながらボールを蹴《け》って遊んでいました。

ぼくがカメラを向けると、ポーズ

を取ってくれました。

貧《まず》しいながらも、人々《ひとびと》がここでたくましく生きていると感じました。

チェスは平等

狭《せま》い路地みたいなところを通っていくと、粗末《そまつ》な建物が見えてきました。中に入ると五〇人くらいの子どもたちが集まっていました。

ブライアンさんが姿《すがた》を見せると、みんな大喜《よろこ》びです。

ブライアンさんの仲間のほかのインストラクターも来ていました。さっそくブライアンさんがチェスの駒《こま》を手に持って、子どもたちに話を始めます。

「この駒《こま》がキングだ。一番大事な駒《こま》なんだ。キングの強みは縦横斜《たてよこなな》め、ぜんぶのマスにひとつ移動《いどう》できることさ」

床《ゆか》の上には、白黒のマス目が並《なら》んだボード盤《ばん》がいくつか置かれています。

続いて、すでに駒《こま》の動かし方を覚えている子どもたちが床《ゆか》に座《すわ》り込《こ》んでゲームを始めました。

その周りを大勢《おおぜい》の子どもたちが囲《かこ》みます。

女の子と男の子の試合。

真剣《しんけん》な表情《ひょうじょう》で駒《こま》を動かしていた少女は、マーサ・ンセンヤさん（十五歳《さい》）。

かなり強いようで、対戦している男の子は、マーサさんが駒《こま》を動かすたびに文字通り頭を抱《かか》えながら次の一手を考え込《こ》んでいました。

三〇分ほどして、マーサさんが相手のキングを追いつめて「チェックメイト」と小さいながらもよく通る声で手を上げました。

スラム街で指導《しどう》するブライアンさん

ぼくはマーサさんに話を聞いてみました。

マーサさんがチェスと出会ったのは、二年前のことでした。

「最初はルールが難《むずか》しいと思ったけど、すぐに駒《こま》の動かし方が分かるようになったの。ブライアンさんたちが来るたびに一生懸命《いっしょうけんめい》、チェスのことを教わったわ」

マーサさんはどんどん上達します。

二年経《た》った今では、スラムにいる、同じ年頃《としごろ》の子どもたちには、ほとんど負けなくなったのです。

マーサさんもこのスラムで幼《おさな》い頃《ころ》から暮《く》らしています。

一緒《いっしょ》に暮《く》らすのは、両親、それに兄弟です。

父親は守衛《しゅえい》として働いていますが、収入《しゅうにゅう》は不安定で、スラムから出て、家を見つけるメドはまったくありません。

アフリカの社会では、伝統《でんとう》的に女の子より男の子を優先《ゆうせん》する考えが根強い地域《ちいき》が少なくありません。

ケニアでも、水くみなどのお手伝いは女の子の仕事だと言われることが多いのです。

マーサさんの家でも、お兄さんは外で遊んでいていいのに、マーサさんばかり、家の手伝いをさせられています。

でもチェスであれば、女の子も平等であるとマーサさんは笑顔で語ります。

「男の子たちを次々《つぎつぎ》に負かすのは、とても気持ちがいいです。チェスでは、誰《だれ》でも平等です。強ければ、女の子であってもみんながほめてくれます。だから私《わたし》はチェスで強くなりたい！」

ぼくが訪《おとず》れたとき、ブライアンさんたちは、ディープ・シーの子どもたちのために駒《こま》とチェス盤《ばん》を三個《こ》、寄付《きふ》し

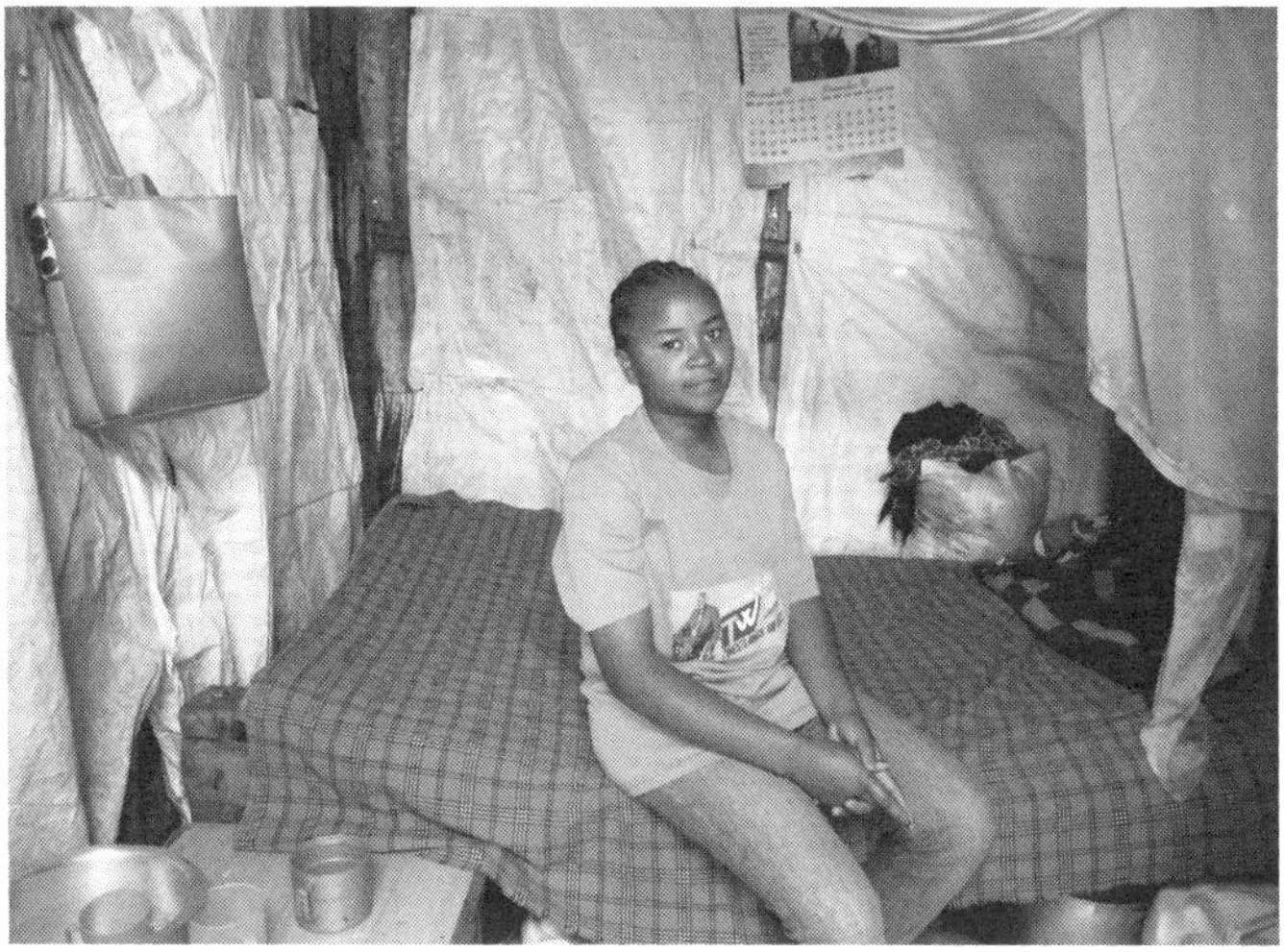

マーサさんの自宅《じたく》

ました。

自分たちで作った、木切れのボードと石の駒《こま》でゲームをすることもあったという子どもたちは、歓声《かんせい》と拍手《はくしゅ》をあげて大喜《よろこ》びしていました。

これで、スラムの子どもたちが集まって、いつでもチェスを楽しめることになったのです。

マーサさんもさっそくチェスの輪に加わっていました。

チェスで描《えが》く未来

マーサさんの夢《ゆめ》は……というと。

「私《わたし》は大人になったら、チェスの有名なプレーヤーと、ダンサーになりたいの。両方ともとてもクリエイティブだから。そのために私《わたし》は毎日、少しずつでも頑張《がんば》って両方とも練習するの。将来《しょうらい》は、スラムを出て海外で踊《おど》ったりチェスの試合をしたりしたいの」

チェスプレイヤーとアーティストの二刀流を目指したいと大きな夢《ゆめ》をいだくマーサさん。

仲間の女の子たちと一緒《いっしょ》にダンスをするところを見せてもらいましたが、リズム感が素晴《すば》らしく全身を使って、楽しそうに踊《おど》っていました。

スラムの子どもたちは、狭《せま》いひとつの部屋で大勢《おおぜい》の家族が一緒《いっしょ》に寝《ね》ている家も少なくありません。

こうしたところでは、子どもたちもなかなか集中して勉強ができません。学校に行けたとしても、すぐに授業《じゅぎょう》についていけなくなってしまいます。でもチェスのおかげで、ほかの科目でも頑張《がんば》れるようになったという子どもたちの声をブライアンさんは聞いています。

マーサさんもそうでした。勉強も頑張《がんば》っているということです。

ブライアンさんは最後に、こう話してくれました。

「このスラムだけで、いまチェスをしている子どもは三百人もいます。その中で一番になるだけでも大変です。さらに全国の子どもたちの中で勝ち残ってチャンピオンになるのは、本当に難《むずか》しいことです。

でも、チェスのチャンピオンになれなくても、その子にとって意味がないわけではないのです。チェスをすることで学校の勉強にも役立つし、身に付けた集中力などが、大人になっても助けてくれるはずです」

チェスを通じてスラムの子どもたちに生きる力が広がってほしい。

ブライアンさん、マーサさん、子どもたちのことを心から応援《おうえん》したいと思いながら、ぼくはスラムをあとにしました。

頭をかかえて一生懸命《いっしょうけんめい》考える子も

記者という仕事

ぼくは記者としてアフリカに来ました。みなさんが観るテレビでも、現地《げんち》から記者としてお話ししているぼくの姿《すがた》が映《うつ》ることもあります。

記者の仕事は、多くの人たちに伝えなくてはいけないと思ったニュースやテーマについて、さまざまな場所に行き、多くの人たちから話を聞いていきます。

こうした作業を取材といいます。取材をしっかりとした上で、それを原稿《げんこう》に書いたり、テレビやラジオなどの放送で話したりするのです。ちなみに新聞記者だと、新聞で発表します。

アフリカでは電気も車道もない場所へ、何日もかけて行くこともあります。ガタガタ道を車で一日中走ったり、長い道のりを歩いたりと、たいへんなこともたくさんありますが、とてもやりがいのある充実《じゅうじつ》した仕事です。

ぼくは、大学時代にアフリカでボランティア活動をしたことをきっかけにアフリカのことが大好きになり、記者になってアフリカについて多くのニュースを伝えてきました。

このときも、取材のため、一人でケニアを訪《おとず》れていたのです。

マーサさんがチェスで立てた音は、美しく響《ひび》く、新しい「一歩」の音でした。

そう思って、ぼくはすがすがしい気持ちになって、帰路についたのです。

マーサさんとぼく

何度でも立ち上がれ！

あしたのために

ぼくがこの日訪《おとず》れたのは、南アフリカ共和国の大都市、ヨハネスブルクにあるボクシングジムです。

「バシバシ！」

「シュシュ！」

グローブがぶつかる音、シューズが擦《こす》れる音が外からも聞こえました。

ジムでは、小学生くらいの子どもたちが横一列に並《なら》んで、元気よくパンチを繰《く》り出す練習をしていました。

小さな子どもたちのパンチがけっこう速くて驚《おどろ》きました。

しかも、ボクサー用のウェアを着ている男の子もいれば、普段着《ふだんぎ》のスカートのまま練習をしに来ていた女の子までいるのです。

でも、みんな表情《ひょうじょう》は真剣《しんけん》です。

準備《じゅんび》運動が終わると、野球のグローブに似《に》たミット打ちの練習を始めました。

「ワン・ツー　ワン・ツー」

コーチの声に合わせて、子どもたちは左右のパンチを交互《こうご》にミットに打ち込《こ》みます。ミット打ちは、ボクシングの基本《きほん》練習のひとつで、大人のコーチからは「もっと力を込《こ》めて」という鋭《するど》い声が繰《く》り返し聞こえてきました。

ぼくは、ボクシングに夢《ゆめ》をいだく子ども

パンチの練習をする子どもたち

たちの姿《すがた》を伝えたいと思ってこのジムを訪《おとず》れたこともあり、真剣《しんけん》にボクシングをする子どもたちの姿《すがた》の迫力《はくりょく》と熱気に、強く心を打たれました。

それに、ぼく自身、子どものころから「あしたのジョー」などのボクシングの漫画《まんが》やアニメが大好きで、アフリカの子どもたちがどのようにボクシングの練習をしているのか、ぜひ見てみたいと思っていたのです。

最も治安が悪いところ

ヨハネスブルクは、南アフリカで最も大きな都市のひとつです。多くの高層《こうそう》ビルが建ち並《なら》び、大きなショッピングモールや、おしゃれなレストランも多く、とても近代的な都市です。

このボクシングジムがあるヒルブロウ地区も多くのビルや商店があって、活気にあふれているように見えます。

でも実は、アフリカで最も治安が悪いところのひとつとも言われています。強盗《ごうとう》などの犯罪《はんざい》が多く、外国人はめったに訪《おとず》れない場所です。

アフリカに数年間滞在《たいざい》したこともあって、ぼくはアフリカでの経験《けいけん》を積み重ねて来ましたが、それでも少し不安でした。

でも、ぼくは「大人になっても冒険心《ぼうけんしん》を持つことが大切だ」と思い、現地《げんち》のことをよく知っている人に案内してもらって、取材に出かけたのでした。

「ヒルブロウ・ボクシングジム」は、人通りが多い大通りにありました。元々《もともと》は、小さなガソリンスタンドがあったところを取り壊《こわ》して、ジムを作ったということでした。

通りすがりの人たちがときおり物珍《ものめずら》しそうにボクシングの練習の様子を見ています。

オーナーでトレーナーのジョージ・コシさんがぼくを歓迎《かんげい》してくれました。

「アジア人でここに来たのは、キミが初めてだ。ここはヒルブロウ地区のボクシングの聖地《せいち》だ、歓迎《かんげい》するよ」

記者として、初めてきたと言われるのは嬉《うれ》しいものです。勇気を出してよかったと思いました。

コシさんは、すでに五〇歳《さい》を超《こ》えていましたが、ボクサーらしい、がっしりとした体格《たいかく》のままで、上半身は筋肉《きんにく》でおおわれていました。

コシさんによると、ジムは、地元の協会やNGO《エヌジーオー》からの寄付《きふ》で運営《うんえい》されていて、子どもたちには無料でボクシングを教えているということでした。

寄付《きふ》だけで運営《うんえい》するのはきっとたいへんなはずです。

ぼくは、無料でもいいからボクシン

コシさん

グを教えたいという、その理由や気持ちを知りたいと思いました。

ボクシングをやる理由

子どもたちに話を聞いてみました。

「ボクシングはどう？」

小学三年生の男の子は、グローブで誇《ほこ》らしげにファイティングポーズを取りながら、こう話してくれました。

「とても楽しいよ。自分がどんどん強くなっていくのが分かるんだ。いじめっ子にも負けないさ」

小学五年生の女の子も元気よく話を聞かせてくれました。

「学校で男の子にいじめられることがあるの。でも『ボクシングをしているから、私《わたし》に近づかないで』と言ったら、びっくりしていたわ」

他にも何人《なんにん》かに話を聞きましたが、「学校でいじめられて、ここに来た」という子どもが少なくありませんでした。

　アフリカの学校でも残念ながらいじめがあります。多くの子どもたちがいじめで苦しんでいるのです。

　ある調査《ちょうさ》では、アフリカの子どもたちの半数近くがいじめを経験《けいけん》したことがあると答えています。

　ぼくは、ジムで子どもたちが楽しそうにボクシングの練習をしているものの、実はそのかげで、学校で辛《つら》いいじめを経験《けいけん》していて、何とか強くなりたいという思いでここに来ているということを知りました。

強くなりたいという思いで来る子どもたち

コシさんの過去《かこ》

こうした子どもたちに一生懸命《いっしょうけんめい》ボクシングを教えているコシさんはどんな人なのでしょうか。

コシさんもここに来る子どもたちと同じようにヒルブロウ地区で育ちました。子どものころ、仲間と連れだって、よくけんかをしていたと言います。生活のため、通りのお店から商品を盗《ぬす》むこともありました。

いわゆる不良ということなのでしょうが、厳《きび》しい暮《く》らしの中で、ここではこうした生活をせざるをえない子どもたちが少なくないのだろうと思いました。

そんなコシさんを変えたのが、十六歳《さい》のときに出会ったボクシングでした。

どれだけ殴《なぐ》られても立ち上がり、最後にKO《ケーオー》で勝ったボクサーの試合をテレビで観ました。

ボクサーの不屈《ふくつ》の闘志《とうし》と、その勇気ある姿《すがた》にコシさんは強くひかれたのです。

すぐにコシさんは、地元のボクシングジムに通い始めました。あっという間に頭角をあらわし、ジュニアヘビー級のハードパンチャーとしてK《ケー》O《オー》勝ちを重ねました。

念願のプロのボクサーになることもできました。南アフリカで最高六位にまで勝ち進むほどの選手だったそうです。

二八歳《さい》のとき、いよいよチャンピオンと戦う試合が決まり、大きなチャンスが訪《おとず》れました。

ボクシングのチャンピオンになれば、世界へと舞台《ぶたい》も広がります。

ところが、厳《きび》しい練習に励《はげ》んでいたある日、突然《とつぜん》の悲劇《ひげき》に見舞《みま》われます。帰宅《きたく》したところを、強盗《ごうとう》に入った男たちに襲《おそ》われ、銃《じゅう》で撃《う》たれたのです。

コシさんはこう振《ふ》り返ります。

「脚《あし》を撃《う》たれたあと、右目も撃《う》たれ、何も見えなくなってしまいました。激痛《げきつう》で意《い》識《しき》も遠のいていって、もう駄目《だめ》だと思いました」

強盗《ごうとう》の男たちは、いまにも死にそうな状態《じょうたい》のコシさんを街はずれの丘《おか》の上から投げ捨《す》てました。

そのままコシさんは命を落とすところでした。

そのコシさんを救《すく》ったのが、路上で生活をしていた貧《まず》しい子どもたちでした。

力を合わせて病院まで運んでくれたのです。

「ランニングをしていて、たまに路上にいる子どもたちに声をかける程度《ていど》でした。それなのに、この子たちは、自分の何倍も重い私《わたし》を必死になってかついで運んでくれたのです」

あまりに壮絶《そうぜつ》な過去《かこ》と、子どもたちの優《やさ》しさに、ぼくは言葉を失いました。

コシさんの願い

子どもたちのおかげで一命は取り留《と》めたものの、右目は失明し、両脚《りょうきゃく》も以前のように軽やかに動かせなくなりました。

選手生命を絶《た》たれて（選手を続けていけなくなって）しまったのです。

コシさんは、チャンピオンになる夢《ゆめ》を奪《うば》われてしまいました。

それでも病院で治療《ちりょう》を続けるなかで「命を救《すく》ってくれた子どもたちに恩返《おんがえ》しをしたい」という思いが心の支《ささ》えとなりました。

「子どもたちがいなければ、私《わたし》は死んでいました。絶望《ぜつぼう》していましたが、誰《だれ》かを育てるチャンスがまだ残されていると気づいたのです」

ぼくは、子どもたちはコシさんの心も救《すく》ったのだと思いました。

救《すく》われたコシさんは、強く願いました。

子どもたちにボクシングという生きがいを与《あた》えたい。

退院《たいいん》後は街の人たちやチャリティー団体《だんたい》などをまわって資金《しきん》を集めて「ヒルブロウ・ボクシングジム」を設立《せつりつ》しました。

指導者《しどうしゃ》として第二の人生を歩み出したコシさん。コシさんを慕《した》って多くの子どもたちが毎日集まってきます。

ジョンくん（九歳《さい》）もジムに通っている子どもの一人です。

ある日、ヒルブロウの路上でほかの子どもにいじめられていたところをコシさんが見つけて、ジムに来るよう誘《さそ》いました。

ジョンくんは家に帰っても、両親は遅《おそ》くまで働いているので、ずっとひとりぼっちでした。

コシさんと出会ってから、学校が終わるとほぼ毎日、ジムに通うようになりました。練習を休まず続けたジョンくんはメキメキと上達します。素早《すばや》いフットワークが得意《とくい》技《わざ》になりました。

ジョンくんはボクシングをすることで、自分に自信が持てるようになったといい、「もっと強くなりたい。プロのボクサーになって両親を助けたいです」と力強く話していました。

大会で活躍《かつやく》する子どもたち

コシさんは、子どもたちにこう語りかけます。

「ボクシングを通じてみんなに知ってほしいこと。ひとつ目は、自分に自信を持つこと。そしてふたつ目は人を許《ゆる》すことだ」

コシさんは、ボクシングをすることで子どもたちが強くなり、自分に自信を持てるようになってほしいと思っています。

そしてそれだけでなく、ボクシングで激《はげ》しく戦った選手たちが、試合が終われば、お互《たが》いをたたえて、自分を殴《なぐ》った相手を許《ゆる》します。こうした精神《せいしん》も子どもたちに伝えたいと強く思っています。

ボクシングをやらないか

毎日、午後四時頃《ごろ》になると、コシさんは、子どもたちを連れてジムの外に出て、ランニングに繰《く》り出します。

ちびっ子ボクサーたちが元気よく通りを走っていく姿《すがた》を見て、道路脇《わき》で座《すわ》っている大人たちからも「頑張《がんば》れ！」と声がかかっていました。

子どもの一人が励《はげ》ましてくれた大人の人と拳《こぶし》を軽くタッチしていました。

公園に到着《とうちゃく》すると、青空のもとでボクシング教室を始めました。

ヒルブロウ地区にある公園は、市民の憩《いこ》いの場ではありません。犯罪者《はんざいしゃ》がたむろしていたり、酔《よ》っ払《ぱら》いや違法《いほう》な薬を使う人がいたりして治安が悪いことで知られています。

だからこそコシさんは公園に通うのです。

「ボクシングをやらないか？」

「ジムに来ないか」

街の人から声がかかることも

不良と呼《よ》ばれて、行く場所もなく、公園でぶらぶらしている子どもたちに声をかけて練習に誘《さそ》います。

これがきっかけで、ジムに通うようになった子どももいます。コシさんは、この日は、周りで見ていた三人の高校生たちに声をかけ、グローブを着けさせました。グローブを構《かま》え、しっかりと腰《こし》を入れてパンチを出すよう高校生達に声をかけます。高校生たちは、すぐに疲《つか》れてしまいますが、汗《あせ》を流して気持ちよさそうです。

参加した高校生の一人は、

「初めてだったけど、ボクシングがとても気に入ったよ！」と嬉《うれ》しそうに話していました。

コシさんはこう話します。

「ボクシングをやっていれば不良になることもない。そんなひまもない。子どもたちにぜひ続けてもらいたいんだ」

コシさんにとって今の悩《なや》みは、資金《しきん》不足です。

通ってくる子どもたちが増《ふ》えるにしたがって、ミットやヘルメット、マウスピースが足りなくなっています。さらに練習で使っていると、こうした道具が傷《いた》んできて交換《こうかん》も必要となります。

コシさんは、子どもたちにはけがをしてほしくない、安全にボクシングをしてほしいと思って、資金《しきん》を支援《しえん》してもらえるよう、さまざまな団体《だんたい》に声をかけています。

チャンピオンの夢《ゆめ》

そんなコシさんの夢《ゆめ》は、ヒルブロウ地区から世界チャンピオンを誕生《たんじょう》させることです。

期待をかけている選手の一人にモラビリ・コテ選手がいました。ジュニア・バンタム級の選手です。

才能《さいのう》があるにもかかわらず、なかなか試合に勝てずに苦しんでいた彼《かれ》をコシさんがヒルブロウ・ボクシングジムに勧誘《かんゆう》したのです。

コテ選手は子どものころ、両親を亡《な》くし家族もいません。そんな彼《かれ》にとってコシさんは親のように生き方までアドバイスしてくれます。

コテ選手はコシさんのことをこのように話します。

「彼《かれ》は私《わたし》に真のボクシングを教えてくれるコーチというだけでなく、私《わたし》の父でもあり、母でもあります」

コテ選手は翌月《よくげつ》に大事な試合を控《ひか》えていました。

コシさんは、コテ選手のスパーリングの相手もします。

体格《たいかく》が大きいコシさんに、コテ選手は果敢《かかん》に挑《いど》みます。

それに全力で応《こた》えるコシさん。

汗《あせ》びっしょりになって、スパーリングを続けるふたり。

コシさんはどんなに辛《つら》くても、挑戦《ちょうせん》し続けることの大切さを伝えようとしていました。体力を使い果たし、しゃがみ込《こ》みそうになるコテ選手。それを抱《だ》きかかえるコシさん。

コシさんはスパーリングのあと、こう話していました。

「リングでは倒《たお》されても、諦《あきら》めずに立ち上がるのです。戦い続ければ、必ずいつかは勝てます。人生も同じです。倒《たお》されても起き上がり、新たな人生を始める。自分を信じ続けて諦《あきら》めないことが大切なのです。私《わたし》は子どもたちや若《わか》者《もの》にこうした思いを伝えていきたい」

リングだけでなく、人生でも決して諦《あきら》めることのなかったコシさん。

コシさんと選手

コシさんは、ボクシングを通じて、目標を持って生きることの大切さを子どもたちに教えようとしています。

ぼくは、ジムに集う子どもや若者《わかもの》たちが、自分に自信を持ち、人を許《ゆる》す心を育んで、人生を大切に生きてほしいと願わずにはいられませんでした。

「さあ、もっと踏《ふ》み込《こ》んで！　気持ちで負けてはだめだ！　前に『一歩』踏《ふ》み出すんだ！」

そうコシさんが激励《げきれい》する声が聞こえました。

アフリカで広がる折り紙

外で遊べない危険《きけん》な場所

ぼくは、ライオン、ゾウ、キリンといった野生動物が大好きです。

アフリカの中でも、南アフリカ共和国は、野生動物の王国として特に知られて、自然保護区《ほごく》もたくさんあります。ぼくは何度もこの国を訪《おとず》れ、ここで数年暮《く》らしたこともあります。

それから南アフリカ共和国は、野生動物以外にも、美しい海の景色で有名です。特に、インド洋と大西洋の両方を同時に眺《なが》めることができ、有名な「喜望峰《きぼうほう》」も一望できる海辺の街、ケープタウンには世界中から観光客が集まってきます。人気の町とあって、裕福《ゆうふく》な人たちが暮《く》らす高級なリゾート地もあります。

写真提供:BORN FREE

しかしその一方で、ケープタウンには、とても貧《まず》しい地域《ちいき》も広がっています。

ぼくはその地域《ちいき》へ、ある日本の遊びについて知るために、取材にきました。

そこは治安が非常《ひじょう》に悪く、観光客はまず近づきません。

ギャングと呼《よ》ばれる犯罪《はんざい》をするグループ同《どう》士《し》のケンカが絶《た》えず、銃《じゅう》を使った事件《じけん》がよく発生します。その流れ弾《だま》にあたって死んでしまう子どもさえいるのです。

どうしてここまで治安が悪いのでしょうか。

理由のひとつに、南アフリカでかつて行われていた「アパルトヘイト」と呼《よ》ばれる政策《せいさく》があります。少ない白人だけで作られた政府《せいふ》

が、多くの黒人の人たちをはじめ、白人以外の人たちを支配《しはい》し、さまざまなひどい差別を行ったのです。黒人たちなどによる勇気ある反対運動によってアパルトヘイトはようやく一九九一年になくなりました。

しかし、差別の影響《えいきょう》が今でも残っていて、貧《まず》しい人たちがその環境《かんきょう》からなかなか抜《ぬ》け出せません。高級住宅街《じゅうたくがい》が多いケープタウンではむしろ、こうした貧《まず》しい人たちと裕福《ゆうふく》な人たちとの間で差が広がっている状況《じょうきょう》です。貧《まず》しい人たちが多い地域《ちいき》では仕事もなかなか見つからず、若者《わかもの》たちが不満をつのらせて多くのギャンググループができてしまったのです。

こうした地域《ちいき》ではギャングが多くあぶないので、子どもたちは安心して外で遊べません。

ぼくがこの地域《ちいき》を訪《おとず》れたときも、一人の女の子がこう言っていました。

「不良たちがいつも酔《よ》っ払《ぱら》って銃《じゅう》を撃《う》っているの。とても怖《こわ》いわ。お母さんも早くここから出たいけど、お金がなくて引っ越《こ》しできないと言っていた」

折り紙に夢中《むちゅう》

そのような安心して外で遊べない地域《ちいき》では、学校や家の中で楽しめる、日本伝統《でんとう》のある遊びが広まっているところがあります。

その遊びというのは……なんと折り紙です。

小学生から高校生まで、さまざまな年代の子どもたちが折り紙に夢中《むちゅう》になっています。

アフリカで日本の折り紙が流行《はや》っていると聞いて、みなさんはびっくりしますか？　しかも高校生まで楽しんでいるというのです。

さらにぼくがおどろいたのは、地元の小学校では、子どもたちに折り紙を教える課外授業《じゅぎょう》も毎週開かれているといいます。

折り紙の先生は、アヤンダさん（二一歳《さい》）。

アヤンダさんは、まずお手本として、子どもたちが喜《よろこ》びそうな動物や食べ物、お花などを次々《つぎつぎ》に作って見せます。

そしてこの日は、初めての子どもでも簡単《かんたん》に作れるコップを折ってもらうことにしました。

折り紙を手に取りながらみんなに呼《よ》びかけるアヤンダさん。

「こんなふうに隅《すみ》と隅《すみ》、線と線を合わせて折るんだよ。ほら、やってみて」

机《つくえ》に置かれた四角形の紙を不思議そうに見ていた子どもたちは、アヤンダさんの作り方を見ながら、自分たちでも折り始めました。コップができあがると、実際《じっさい》に食べ物やジュースを入れてもらいます。

教えるのが上手《じょうず》なアヤンダさん（左）

「すごいよ、ジュースを入れても全然こぼれない。このコップいいでしょう」

子どもたちは自慢《じまん》げです。

みんなに、折り紙のどこが好きなのか聞いてみました。

「一枚《まい》の紙さえあれば、どこででも遊べるので折り紙大好き！」

「外に出ると怖《こわ》いことがあるので、折り紙であれば家の中で遊べるので嬉《うれ》しい」

自分の手で折った折り紙の出来映《できば》えに満足そうな笑顔が教室に広がりました。

それにしても、南アフリカで生まれ育ったアヤンダさんがいったいどうしてこんなに日本の折り紙が上手《じょうず》なのでしょうか。

木村《きむら》さんとの出会い

アヤンダさんは、子どもの頃《ころ》から、ある日本人の女性《じょせい》に折り紙を習ってきたのです。

その女性《じょせい》とは、ケープタウンに二〇年以上暮《く》らしている、木村香子《きむらきょうこ》さんです。

木村《きむら》さんは、この地域《ちいき》で暮《く》らす多くの子どもたちに折り紙を教えてきました。地元の小学校にも出向き、クラスで折り紙の授業《じゅぎょう》を行っていたのです。

アヤンダさんは、木村《きむら》さんに初めて折り紙を教わったときの感動をこう語ってくれました。

「キョウコは、一枚《まい》の正方形の紙をあっという間に折りたたんでうさぎを作ったのです。とても可愛《かわい》かったです。魔法《まほう》のように思えました」

木村《きむら》さんは、イギリスの大学でアフリカについて学んでいましたが、もっとアフリカのことを知りたいと思い、南アフリカにやってきました。そして地元の男性《だんせい》と知り合い、結婚《けっこん》しました。

木村香子さん

そんな木村《きむら》さんが折り紙を教えるきっかけになったのは、二〇〇八年。南アフリカ国内にある避難民《ひなんみん》キャンプ（住んでいたところを追われて逃《に》げてきた人たちが暮《く》らす施設《しせつ》）を訪《おとず》れたときのことでした。

この避難民《ひなんみん》キャンプに逃《に》げてきた人たちの中には、たくさんの子どもたちもいました。

住む場所を追われて、粗末《そまつ》なテント暮《ぐ》らしをする避難民《ひなんみん》キャンプでは、子どもたちは、とても不安そうで辛《つら》そうにしていました。

その姿《すがた》を見て、木村《きむら》さんは自分に何かできないかと考えました。

そして、小さい頃《ころ》に遊んでいた折り紙で子どもたちの不安を取り除《のぞ》けないかと思ったのです。

「暴力《ぼうりょく》や長引く避難《ひなん》生活で厳《きび》しい状況《じょうきょう》にある子どもたちが大勢《おおぜい》いたのですが、折り紙を一緒《いっしょ》にしていて何かを作り上げると、すごく明るい笑顔を見せてくれました。自分の手で何かをやりとげたという達成感だと思います。日本の折り紙って素晴《すば》らしいなと、そのとき思いました」

木村《きむら》さんは二〇〇九年に「オリガミ・フォー・アフリカ」（アフリカのために折り紙を）という団《だん》体《たい》を立ち上げ、地元の小学校で折り紙を教える先生として課外授業《じゅぎょう》も始めました。

ぼくも木村《きむら》さんの課外授業《じゅぎょう》に参加しましたが、クラスで配っているる折り紙の用紙が日本のようなカラフルな色のものではなく、茶色の紙でした。

「どこで買ってきたのですか？」

と聞いたら何と、木村《きむら》さんの手作りでした。

子どもたちの折り紙作品　写真提供：伏島佳代子さん

新聞に入っているチラシや包装紙《ほうそうし》を一枚《まい》一枚《まい》、正方形に切ったものだったのです。市販《しはん》の折り紙は、アフリカではなかなか手に入らないので、あえて子どもたちの身の回りにある紙を使ったのでした。

どんな紙でも、いつでも手軽にできるというのが折り紙の素晴《すば》らしさだなとぼくは思いました。

こうしてクラスに行く前に木村《きむら》さんはせっせとチラシを百枚《まい》以上切って、折り紙を作っていたのです。

木村《きむら》さんは、折り紙の中でも、「鶴《つる》」に特別な思いがあると言います。

千羽鶴《せんばづる》の願い

実は、木村《きむら》さんの母親は、広島に原爆《げんばく》が落とされたとき、広島にいたということでした。

広島では原爆《げんばく》によって多くの人たちが亡《な》くなり、街が焼け野原になっただけでなく、その後も多くの人は被爆《ひばく》で重い病にも苦しむことになりました。

こうした中で、被爆《ひばく》の病と闘《たたか》う一人の少女がいました。

彼女《かのじょ》の名前は、佐々木禎子《ささきさだこ》さん。

白血病を患《わずら》いながら、「生きたい」と願って千羽を超《こ》える鶴《つる》を折り続けましたが、十二歳《さい》で亡《な》くなってしまいました。

折り鶴《づる》に思いを込《こ》める禎子《さだこ》さんの姿《すがた》は日本中の人の心をうち、折り鶴《づる》が千羽集まった「千羽鶴《せんばづる》」が平和のシンボルとなっていったのです。

折り紙の楽しさを通じて、千羽鶴《せんばづる》に込《こ》められたメッセージもいっしょにアフリカの子どもたちにも伝えたい。

木村《きむら》さんはそう願っています。

「日本では、病気になった人の回復《かいふく》を願って千羽の鶴《つる》を折ることがあります。平和を願うときも、千羽鶴《せんばづる》を捧《ささ》げるのです。一人で千羽の鶴《つる》を折ることは大変ですが、例えば百人の人が十羽ずつ折れば、それほど難《むずか》しいことでありません。さらには千人の人たちが協力して一羽ずつを折ってあげることもできるのです」

ぼくは木村《きむら》さんのこの話を聞いて、アフリカで伝えられてきたと言われる、あることわざを思い出しました。

『早く行きたければ、一人で進め。でも、遠くまで行きたければ、みんなで進もう』

木村《きむら》さんが子どもたちに訴《うった》えていたのも、きっと同じことなのだろうと思いました。

みんなで仲よくひとつひとつ丁寧《ていねい》に折っていけば、心がこもった素晴《すば》らしい作品ができ上がります。

それは、平和な社会も、みんなで力を合わせることで達成できるということにつながるのです。

木村さんと子どもたち　写真提供:伏島佳代子さん

そんな木村《きむら》さんが折り紙を教えていたクラスに、オドワくんという男の子がいました。

オドワくんのお兄さんは、地元の犯罪《はんざい》グループ同士《どうし》のけんかに巻《ま》き込《こ》まれて殺《ころ》されてしまいました。

オドワくんはそのショックでふさぎ込《こ》みがちになっていましたが、木村《きむら》さんから折り紙を教わり、次第に笑顔を取り戻《もど》し、夢中《むちゅう》になっていきました。

「友だちと折り紙をしていると本当に楽しいよ。折り紙は、ぼくがいい人間になるのを手助けしてくれるんだ」

彼《かれ》の言葉は、折り紙が心の楽しみとなったということだけではありません。折り紙が、人生を支《ささ》えてくれたのです。

オドワくんがすむ地域《ちいき》では、子どもたちは大人になっていくにしたがい、地元の不良たちのグループに入ってしまって犯罪《はんざい》に走ってしまうことが少なくありません。

きっと、楽しいことがなかったり、毎日の生活が厳《きび》しかったりして、孤独感《こどくかん》や絶《ぜつ》望感《ぼうかん》をいだいてしまうのでしょう。自分自身に価値《かち》を見出せず、同じような気持ちをいだく不良の友だちといっしょに行動してしまいます。

でも、オドワくんは折り紙を心の支《ささ》えに、不良グループには近づかないようにしました。オドワくんには、いっしょに折り紙を楽しむ親友がいたのです。

このオドワくんと大の仲良しだったのが、いま折り紙の先生をしているアヤンダさんなのです。

二人は、木村《きむら》さんが特別にくれた、折り紙の教本を見ながら、毎日のように折り紙を一緒《いっしょ》に折るうちに、新たな夢《ゆめ》を持つようになりました。

当時、彼《かれ》らはこう語っていたそうです。

「大好きな折り紙をずっと続けていきたい。ぼくらの将来《しょうらい》の夢《ゆめ》は、世界を旅する折り紙アーティストなんだ」

その後、アヤンダさんは小学校を出てすぐにお父さんが亡《な》くなるなど、二人とも大変な時期がありましたが、困難《こんなん》を乗り越《こ》え、それぞれ地元の高校も無事に卒業しました。

折り紙アーティストにはなれませんでしたが、オドワくんは、IT会社に就職《しゅうしょく》し、プログラマーとして活躍《かつやく》。木村《きむら》さんの団体《だんたい》のホームページも手伝ってくれています。

そしてアヤンダさんは、木村《きむら》さんから引き継《つ》いで、地元の小学校で折り紙の課外授業《じゅぎょう》を担当《たんとう》する先生になったのです。

アセマーシュレさん

そしてもう一人、木村《きむら》さんが、地元の小学校で出会った女の子、アセマーシュレさんについても話しておきたいと思います。

アセマーシュレさんは、八歳《さい》のときに父親を、十三歳《さい》のときに母親を亡《な》くして一人きりになってしまいました。

親戚《しんせき》の家で暮《く》らすことになりましたが、その家族にいじめられることが多く、辛《つら》い日々《ひび》を過《す》ごしながら育ちました。

木村《きむら》さんと出会ったのは、九歳《さい》のときでした。当時のことをアセマーシュレさんはこう振《ふ》り返ります。

「キョウコが教室にやってきて、みんなの机《つくえ》の上に四角形の紙を置いたのです。私《わたし》は、こんな紙切れでいったい何をするつもりなの？　と思いました。でもキョウコが鶴《つる》を折ったのを見て、新しい世界が広がった、と感じたのです」

アセマーシュレさんは、人に教えることが大好きでした。

小学校でも、休み時間になると、木村《きむら》さんから教わった折り紙をクラスメートに教えていました。

そして中学生になると、木村《きむら》さんと一緒《いっしょ》に大勢《おおぜい》の人たちが集まるショッピングセンターに出かけ、アセマーシュレさん

アセマーシュレさん（右）と友だち

が自ら先生となって、買い物客などで集まった人たちに折り紙を教えるボランティアを始めました。

「私《わたし》は自分が折り紙で楽しい思い出を作ったので、ほかの人たちにもぜひ体験してほしいといつも思っています。だから教えることが大好きなのです」

アセマーシュレさんは、こうした活動を通じて人の役に立つ仕事をしたいと思うようになりました。

高校を卒業したあと、NGO《エヌジーオー》の支援《しえん》で奨学金《しょうがくきん》をもらい、病気や障害《しょうがい》がある人、お年寄《としよ》りなど、生活に問題を抱《かか》える人たちを手助けする、ソーシャルワーカーになるための勉強をしました。

その一方でアセマーシュレさんは折り紙を教える活動も続けます。

そんなある日、アセマーシュレさんに、目が不自由な子どもたちが通う学校から「折り紙を生徒たちに教えてあげてほしい」と依頼《いらい》がありました。

アセマーシュレさんは、最初はどうしようか迷《まよ》い悩《なや》みました。

でも向上心にあふれ、勉強熱心な子どもたちの姿《すがた》を見て、頑張《がんば》ってみようと思ったのです。

折り紙で心が自由になる

子どもたちは目が不自由でも、手で形を覚える優《すぐ》れた記憶力《きおくりょく》があることに気づき、とにかく手を携《たずさ》えて一緒《いっしょ》に折り紙を折ってもらったのです。

アセマーシュレさんは、折り紙のそれぞれの形をことばにして伝え、子どもたちにじっくり覚えていってもらいました。

やがて子どもたちは自分ひとりでも、折り紙を完成させられるようになりました。できたときの喜《よろこ》びは、子どもたちもアセマーシュレさんもひとしおだったそうです。

学校側によると、折り紙のおかげで子どもたちは、自信をつけるようになったということです。

教え子の一人で目がまったく見えないミブヨくんも「折り紙をしていると心が自

由になれる」と嬉《うれ》しそうに話していました。

なんて素敵《すてき》な言葉だろうと思いました。

でも同時に、心が自由になるというのはどういうことなのだろうと気になりました。

そのとき、ぼくはアセマーシュレさんの言葉を思い出しました。

「折り紙は目で見ながら、ただ紙を折るのではありません。心の中で作りたい作品のイメージを思い浮《う》かべ、手先を使ってそれを実際《じっさい》に作り上げていくことが大切なのです」

思い通りに作れる喜《よろこ》びが、彼《かれ》らにとっては、自由の喜《よろこ》びでもあるのです。

この自由の喜《よろこ》びは、目が見えない人だけでなく、何かと不自由や制限《せいげん》の多い子どもたちにとって、きっと共通の喜《よろこ》びなのだと思いました。

アセマーシュレさんは折り紙を通じて自分が学んだことをこう語ります。

「折り紙をうまく作れたとき、とても自信がつきます。やればできると思えるようになるのです」

ひとつひとつの階段《かいだん》を

二〇二三年十一月。

アセマーシュレさんは専門学校《せんもんがっこう》を卒業して、地域《ちいき》のめぐまれない人たちのために働くソーシャルワーカーを目指して働くことになりました。そしてその卒業式には、保護者《ほごしゃ》として木村《きむら》さんが出席したのです。

オドワくん、アヤンダさん、そしてアセマーシュレさん。

どの子も、それぞれ色々《いろいろ》な困難《こんなん》がありましたが、折り紙とともにそれを一歩ず

つ乗りこえて自分の人生を切り開いてきました。木村《きむら》さんはいつだって、折り紙を通じて彼《かれ》らに優《やさ》しく寄《よ》り添《そ》ってきたのです。

木村《きむら》さんは、いまこう思っています。

「人生も、折り紙と同じようにひとつひとつの階段《かいだん》で自分のベストを尽《つ》くせば、きっと素晴《すば》らしい人生になるということを三人は私《わたし》に教えてくれました。三人は、次の世代の子どもたちにも同じような思い出を作らせてあげたいと思って頑張《がんば》っています。私《わたし》はそんな彼《かれ》らの優《やさ》しい気持ちに心から励《はげ》まされています」

一枚《まい》の紙から作り出される新たな世界。

日本伝統《でんとう》の折り紙が、南アフリカの子どもたちの心を和ませ、人生を歩んでいくための自信を与《あた》え続けています。

第二章

子どもたちに生きる力を

十三歳《さい》の少女の訴《うった》え

立ち上がる若者《わかもの》たち

世界では、いま若者《わかもの》たちがさまざまな分野で活躍《かつやく》しています。

その中でも、若者《わかもの》たちの主張《しゅちょう》がひときわ力強く輝《かがや》いて聞こえるのが、環境《かんきょう》問題や差別の問題などの、社会問題です。

みなさんも、グレタ・トゥーンベリさんの活躍《かつやく》はニュースなどで目にしたことがあるのではないでしょうか。

グレタさんは、高校生のときに地球温暖《おんだん》化を止めようと立ち上がったスウェーデンの環境《かんきょう》活動家で、その活動も国際《こくさい》的に広く知られています。

アフリカでも多くの若者《わかもの》や子どもたちが、環境《かんきょう》や人権《じんけん》などを守ろうと取り組みを進めています。

そのような若者《わかもの》のひとりが、ケニアの十三歳《さい》の少女、サキナ・ウバさんです。

ぼくはサキナさんにぜひ会って、いろいろ聞きたいと思い、取材をお願いしたのでした。


サキナさんは二〇二二年に、国連のユニセフのケニア事務《じむ》所《しょ》が主催《しゅさい》した作文コンクールで入賞《にゅうしょう》します。

ケニアの子どもたちが直面する厳《きび》しい状況《じょうきょう》を訴《うった》え、政治《せいじ》家《か》や役所の人たちに行動を起こすよう求めたのです。

ケニアは多くの民族や、さ

民族衣装《いしょう》を着て現《あらわ》れたサキナさん

まざまな宗教《しゅうきょう》を信じる人たちで作られた国です。民族間での対立が生じることも少なくありません。

ぼくはケニアでサキナさんに会って、話を聞きました。

サキナさんは、目をキラキラとさせ、好奇心《こうきしん》にあふれた表情《ひょうじょう》をして待ち合わせ場所のナイロビ市内のホテルに現《あらわ》れました。

白い花模様《はなもよう》が刺繍《ししゅう》された黒い民族衣装《いしょう》を着ています。サキナさんはイスラム教徒で、長い髪《かみ》の毛は紫色《むらさきいろ》のスカーフでおおっていました。

取材中のサキナさん

サキナさんは、ケニアの首都ナイロビの中でも比較的《ひかくてき》裕福《ゆうふく》な家庭で生まれ育ちました。

裕福《ゆうふく》な彼女《かのじょ》がアフリカの子どもたちの権利《けんり》を守りたいと強く思うようになったのは、どうしてでしょうか。

「私《わたし》が私立《しりつ》の中学校に通うとき、両親に車で送迎《そうげい》してもらっていますが、車の窓《まど》の外から、貧《まず》しい子どもたちの様子が見えるのです。

自分と違《ちが》ってボロボロの服を着て、リサイクルできるものを探《さが》してごみ拾いをする子どもたちが大勢《おおぜい》います。

いつも悲しくなってしまいます。私《わたし》は、たまたま裕福《ゆうふく》な家庭で生まれましたが、貧《まず》しい子どもたちの姿《すがた》について心を痛《いた》めていました。何か自分でもできることがないかなと思って、作文を書いたのです」

ぼくは、作文を見せてもらいました。

その冒頭《ぼうとう》部分です。

「まず私《わたし》は、政府《せいふ》が、子どもたちの将来《しょうらい》のためにどれだけ真剣《しんけん》に考えているのか、質問《しつもん》したいです。スラムで暮《く》らしている多くの子どもたちは、学校に通うことを楽しみにしています。自分たちのこれからが大きく変わってくることを期待しています。

しかし、そのためにはもっと政府《せいふ》の取り組みが必要です。例えば、公立学校ではひとつの教室に七〇人以上の生徒がいます。

教師《きょうし》は教室にいるだけで、生徒が授業《じゅぎょう》を一生懸命《いっしょうけんめい》に聞いているかどうかなど気にも留《と》めません。給料さえもらえればいいのです」

七〇人以上の子どもたちをひとり

ケニアの子どもたち

の先生が教えるのは、さすがに難《むずか》しいでしょう。教育にもっとお金をかけて、人を増《ふ》やし、先生のやる気を引き出してほしいと、ぼくも同じ気持ちになりました。

学校に通うことができない

実はアフリカは、学校で教育を受けられない子どもの数が世界でも最も多い地域《ちいき》です。

国連によると、サハラ以南のアフリカに暮《く》らす子どもたちの五人に一人は、小学校に通えていません。さらに学年が上がるにつれて、学校に来ることができる生徒たちの割合《わりあい》が減《へ》っていきます。

六歳《さい》から十七歳《さい》までのアフリカの一億人近い子どもたちが学校に通うことができていないという調査《ちょうさ》結果もあります。

日本だったらみんな学校に行くのは当然のことですよね。どうしてアフリカでは学校に行けない子どもたちがこんなにも多いのでしょうか。

まずは、家が貧《まず》しいため、学校に通いたくても通えない子どもたちが大勢《おおぜい》います。

家族を助けるために働かなければならず、学校に行く時間がないのです。

ぼくがアフリカで暮《く》らしていて、ケニア北部にある小学校を取材したときのことを今でも忘《わす》れられません。

日本政府《せいふ》の支援《しえん》で作られた小学校の教室を訪《たず》ねたのですが、子どもたちが音楽の授《じゅ》業《ぎょう》をしていて、現地《げんち》の言葉スワヒリ語で美しい歌声を聴《き》かせてくれました。

ふと教室の窓《まど》を見ると、女の子たちが二人、外で立って、教室の中をのぞき込《こ》んでいました。

ケニア北部にある小学校（上）　写真提供：在ケニア日本大使館

トゥルカナ族の女の子たち（左）

この子たちはどうしたのだろう。そう思ってたずねてみました。彼女《かのじょ》たちは、地元のトゥルカナ族ということでした。

首には色鮮《あざ》やかなビーズのネックレスを何重にも重ねた首飾《くびかざ》りを着け、カンガと呼《よ》ばれる、アフリカの伝統《でんとう》的な布《ぬの》を体にまとっていました。

トゥルカナ族は、遊牧民です。乾燥《かんそう》した砂漠《さばく》のような地域《ちいき》で、ヤギや牛と一緒《いっしょ》に暮《く》らす人たちで、雨が降《ふ》る時期に合わせて、家畜《かちく》のエサとなる草が生えているところを求め、移動《いどう》しながら生活しています。

一か所にずっといられず、たまに長期間とどまることがあったとしても、家畜《かちく》などの世話もあるので、子どもたちはなかなか学校に通うことができません。

教室の外に立っていた二人の女の子の表情《ひょうじょう》も寂《さび》しそうで、いつかは小学校に通いたいと思っていたようでした。

学校に通えたとしても

また、せっかく学校に行っても、教科書がなかったり、先生がしっかり教えられなかったりして、児童たちが十分な教育を受けられないことも少なくありません。休みがちな子が授業《じゅぎょう》についていけなくなることもおおく、勉強のフォローもまだ足りません。

子どもたちに勉強の意欲《いよく》があったとしても、家で十分な食事ができずに学校に来てお腹《なか》を空かし、授業《じゅぎょう》に集中できないこともあります。

家が貧《まず》しくて早朝や夜に働かされて疲《つか》れてしまい、学校を休みがちになってしまう子どももいます。

こうした色々《いろいろ》な困難《こんなん》があるなかでも、子どもたちは一生懸命《いっしょうけんめい》、学校に来て学ぼうとしています。

その子どもたちのために、政府《せいふ》も学校の先生たちも、もっと真剣《しんけん》に取り組んでほしい。それがサキナさんの訴《うった》えです。

どのような支援《しえん》が必要なのか、サキナさんは具体的に書いていました。

「多くの学校では、予算が足りず、良い教師《きょうし》が不足しています。政府《せいふ》は、もっと学校の運営《うんえい》に予算を立てて、新しい教室を作り、優秀《ゆうしゅう》な教師《きょうし》を雇《やと》い、学校をきれいな環境《かんきょう》にして子どもたちを支援《しえん》しなければなりません」

さらにサキナさんは作文の中で、「ストリート・チルドレン」と呼《よ》ばれる、路上で暮《く》らしている子どもたちへの支援《しえん》も必要だと強調しました。

「私《わたし》たちは、ストリート・チルドレンを守っていかなければなりません。

こうした子どもたちはすぐに分かります。彼《かれ》らは、ごみ箱をあさっているからです。子どもたちは少しでもお金を得《え》ようと、懇願《こんがん》して、大人たちの重い荷物を運び、車を洗《あら》っています。

　子どもは、教室で名詞《めいし》を覚えたり、数学を解《と》いたりしていなければなりません。暖《あたた》かい家と、食べるものや洋服など生きていくのに必要な最低限《げん》のものをきちんと保障《ほしょう》されなければなりません。

　私《わたし》は、まずは、子どもたちにこうした最低限《げん》必要なものや権利《けんり》を保障《ほしょう》する必要があると思います。もう何日も食事をしていなくて、食べ物を万引きしてしまった子どもがどんなに多いことか」

　ナイロビでは、六万人もの子どもたちが路上で働いていたり生活していたりすると言われています。こうした子どもた

お金になるごみを探《さが》す少年たち

ちは毎朝、わずかなお金になるごみを探《さが》したり、大人たちの靴《くつ》を磨《みが》いたりしながら、学校に登校するほかの同世代の子どもたちの姿《すがた》を眺《なが》めています。

同じ子どもとしてサキナさんは、大人たちがしっかりと目を向けて、手を差し伸《の》べるよう求めています。

地球温暖《おんだん》化の影響《えいきょう》

またサキナさんは、地球温暖《おんだん》化で影響《えいきょう》を受けている子どもたちのことも忘《わす》れないでほしいと思っています。

「ケニア北部の乾燥《かんそう》地帯で暮《く》らす子どもたちのことも助けなければいけません。ダムを整備《せいび》して、それぞれの家庭で水が使えるようにする必要があります」

地球温暖《おんだん》化の影響《えいきょう》で深刻《しんこく》な干《かん》ばつが広がっている地域《ちいき》では、農産物がとれなくなり、子どもたちは食事を十分にとることが難《むずか》しくなっています。

水が手に入らないので、きれいな水を飲むこともできません。お腹《なか》を空かしたりのどが乾《かわ》いたりしたまま、夜寝《ね》ることもあります。

子どもたちが貧《まず》しくなった家の家計を助けるため、これまで以上に働いてふらふらになってしまうことさえ起きています。

国連によりますと、女の子であれば、まだ子どもなのに、家を助けるために両親からお金持ちの男性《だんせい》との結婚《けっこん》を強いられることも増《ふ》えています。

これは、「児童婚《じどうこん》」と呼《よ》ばれる問題で、子どもの権利《けんり》の侵害《しんがい》です。児童婚《じどうこん》を余儀《よぎ》なくされた女の子たちは、子どもでありながら出産することになり、重大な健康上の影《えい》響《きょう》が心配されることになります。

干《かん》ばつできれいな水を汲《く》むことができない　写真提供：日本ユニセフ協会

またこうした女の子たちの多くが学校を続けられず、中退《ちゅうたい》することにもなってしまいます。

温暖《おんだん》化の影響《えいきょう》がこうしてじわじわとさまざまな形で、ケニアやほかのアフリカの国々《くにぐに》の子どもたちを苦しめているのです。

女の子たちへの支援《しえん》

さらにサキナさんは女の子たちへの支援《しえん》を呼《よ》びかけています。

「女の子の生理用品の問題についても、指摘《してき》しなければなりません。ケニアの貧《まず》しい地方では、女の子たちが必要な生理用品を手に入れることができません。女の子を支援《しえん》するためのプログラムが必要です。彼女《かのじょ》たちが学校で学びつづけられるようにするためです。

生理がくると、女の子たちは生理用品がないので学校に行けなくなってしまいます。学校を欠席しがちになり、成績《せいせき》も落ちてしまいます」

サキナさんが指摘《してき》した生理用品の問題について少し説明します。

女の子は成長していくと生理が始まり、ナプキンが必要となってきますが、日本でも経済《けいざい》的な理由からナプキンが十分に手に入らない女子生徒が少なくないという問題があります。

日本でも、新型《しんがた》コロナウイルスの影響《えいきょう》で家庭の収入《しゅうにゅう》が減《へ》ってナプキンも購入《こうにゅう》できないという女の子たちへの支援《しえん》が必要となっています。

ケニアではより深刻《しんこく》な課題となっていて、特に地方では、貧《まず》しくてナ

生理用品をもらって喜《よろこ》ぶ女の子

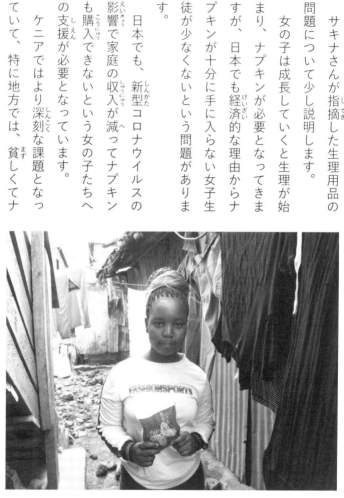

プキンが手に入らないことから、生理の期間になると学校に行けず、授業《じゅぎょう》にもついていけなくなり、小学校や中学校を退学《たいがく》してしまう女の子たちさえ数多くいるのです。

こうしたなかでケニア北部のメルという地区で困《こま》っている女の子たちに無料でナプキンを配布《はいふ》しているという地元のNGO《エヌジーオー》の取り組みをぼくは取材したことがあります。

ナプキンを受け取った女子生徒たちが「これで安心して学校に行けます」と輝《かがや》くばかりに笑顔で喜《よろこ》んでいたのが印象《いんしょう》的でした。

さらに男の子たちには、学校の先生が「みんなにとって眼鏡《めがね》や洋服がなくてはならないものであるのと同じように、女の子にとっては、生理用品が必要なものなのです」と説明していたのも良かったと思いました。

サキナさんもこうした取り組みのことを知っていたので、女の子たちのためにケニア全国で生理用品が無料で支給《しきゅう》されるようにしてほしいと訴《うった》えました。

サキナさんは、母親と二人で、貧《まず》しい人たちが暮《く》らすグループホームに食べ物を届《とど》けるボランティア活動もしてきました。また、そうした活動に加えて、勉強も懸《けん》命《めい》に頑張《がんば》り、ケニアでも最も優秀《ゆうしゅう》な子どもたちが通うエリート校のひとつに合格《ごうかく》しました。

高校生になってからも、社会のことをさらに勉強してよく理解《りかい》し、将来《しょうらい》は、ジャーナリストになりたいと思っています。

「ケニアで何が起きているのか。世界で何が起きているのか、伝えていきたいからです。子どもたちの現状《げんじょう》についても変えていきたいと思います」

最後に、「いま一番好きなことは何ですか」とサキナさんに聞きました。

すると……。

「小説を読むのが好きです。気に入った本を友だちと交換《こうかん》しています。今、一番夢《む》中《ちゅう》になっているのは、『ハリー・ポッター』シリーズです」

こう言って、笑顔を見せたサキナさんはごく普通《ふつう》の十三歳《さい》の女の子でした。

サキナさんは、ぼくにとても大切なことを教えてくれました。

勇気を出して声をあげること。
その一歩がとても重要だということです。
それはきっと誰《だれ》もができる一歩なのです。
ぼくはそう思いながら、サキナさんの姿《すがた》を見送りました。

おばあちゃんたちの運動会

ゴーゴー・オリンピック

みなさんは運動会が楽しみですか。

運動会には、短距離《きょり》走、綱引《つなひ》き、玉入れ、色々《いろいろ》な競技《きょうぎ》があって、ぼくも子どものころに楽しく参加していたものでした。お祭りのようなにぎやかな気持ちになったのをおぼえています。

でも、ぼくが南アフリカで取材した運動会は、みなさんのような子どもたちのためのものではありませんでした。

なんと、地元のおばあちゃんたちが中心となって参加するものでした。

南アフリカではおばあちゃんたちのことを、親しみをこめて地元の言葉で「ゴーゴー」と呼《よ》んでいます。このため、この運動会を「ゴーゴー・オリンピック」と呼《よ》んでいました。

運動会がおばあちゃんたちのために行われるなんて、日本では、ちょっと考えられませんよね。

ぼくも、いったいどういうことなのだろうと思い、取材に向かいました。

このゴーゴー・オリンピックの会場になったのは、インド洋に面した南アフリカの都市ダーバン。

美しい砂浜《すなはま》が広がり、海岸沿《ぞ》いにはリゾートホテルが立ち並《なら》び、おしゃれなレストランも多く、観光客でにぎわっています。

二〇一〇年にはサッカーのワールドカップの開催地《かいさいち》のひとつとなり、日本からも大勢《おおぜい》の観光客が訪《おとず》れたところです。

しかし、おばあちゃんたちの運動会が開かれたのは、こうした華《はな》やかな海岸部ではなく、ずっと内陸側に入った貧《まず》しい地域《ちいき》でした。

なだらかな茶色の丘《おか》がいくつも連なっているような地域《ちいき》で、そこには多くの粗末《そまつ》な家々《いえいえ》が建っていました。

舗装《ほそう》されていない道は、車で走ると土ぼこりが勢《いきお》いよくあがります。もし、ぼくたちの前をトラックが走ろうものなら、前が見えなくなってしまうでしょう。もうもうとした土煙《つちけむり》をものともせず、子どもたちがはだしで走って遊んでいました。

この貧《まず》しい地区にある運動場がゴーゴー・オリンピックの会場となりました。

運動場といっても大きな原っぱのようなところです。

グラウンドは整備《せいび》されておらず、雑草《ざっそう》が生い

サッカーをするおばあちゃんたち

茂《しげ》り、小さな石もゴロゴロしています。

運動会当日

名前からも元気いっぱいの印象《いんしょう》をぼくは受けていましたが、おばあちゃんたちは想像《そうぞう》以上に生き生きと色々《いろいろ》なスポーツをして楽しみ、ハッスルする運動会でした。

運動会当日。

早朝にもかかわらず、バスに乗っておばあちゃんたちが次々《つぎつぎ》に会場にやってきました。七〇歳《さい》を超《こ》えた女性《じょせい》も大勢《おおぜい》参加していました。

日本では、運動会のときに子どもたちがグラウンドを行進することがあるかもしれません。

南アフリカのおばあちゃんたちは歌と踊《おど》りが大好きなので、おばあちゃんたちは元気よく踊《おど》りながら入場します。

まずは準備体操《じゅんびたいそう》です。大きなスピーカーから大音量で流れてきたのは、ロック調の音楽です。

おばあちゃんたちが体を揺《ゆ》らしながら踊《おど》り出し、そのあといよいよ競技《きょうぎ》が始まりました。

サッカー、バスケットボール、リレー、短距離《きょり》走、玉転がしもありました。

特に迫力《はくりょく》があったのがサッカーです。おばあちゃんたちが猛然《もうぜん》と走ってボールを蹴《け》ったりシュートを打ったりしていました。ボールを夢中《むちゅう》で追いかけるあまり、勢《いきお》いあまって転んでしまう女性《じょせい》もいましたが、集まっていた近所の子どもたちが歓声《かんせい》をあげて応援《おうえん》をしていました。

大人のおばあちゃんたちが競技《きょうぎ》をして、子どもたちが応援席《おうえんせき》でそれを見ているというのも不思議な感じがしますが、現場《げんば》にいるとおばあちゃんたちのエネルギーに圧倒《あっとう》されて、気になりません。

このなかでひときわ元気よく走っている女性《じょせい》がいました。リンデニ・ムブソさん（六八歳《さい》）です。リレーの選手に選ばれ、体を揺《ゆ》らしながら五〇メートルを走りきったあと、ゴールで待っていた仲間たちと抱《だ》き合っていました。

ぼくは思わずかけよって、走った後の感想を聞きました。

「一等ではなかったけど、ほかの選手に抜《ぬ》かれなくてよかったわ。ほかのゴーゴーたちと一緒《いっしょ》に、きょうは子ども時代に戻《もど》ったみたいに思いっきり楽しんでいるの」

スポーツのお祭りを大いに楽しんでいるムブソさんたち。

しかしこの運動会が開かれている背景《はいけい》には、実は南アフリカの悲しい現実《げんじつ》がありました。

エイズによる孤児《こじ》

その背景《はいけい》にあるものとは、エイズという病気

リレーで疾走《しっそう》するムブソさん

です。

エイズとは、ヒト免疫《めんえき》不全ウイルスに感染《かんせん》して発症《はっしょう》する病気です。このウイルスに感染《かんせん》している人の体液《たいえき》や血液《けつえき》などを通じてウイルスが入ると、免疫力《めんえきりょく》が低下する病気になり、肺炎《はいえん》などさまざまな病気にかかりやすくなります。

かつては世界中で多くの人がエイズが原因《げんいん》で命を落としてきましたが、この病気を抑《おさ》えるための薬が開発され、おかげで先進国では多くの患者《かんじゃ》が救《すく》われるようになっています。

しかしアフリカでは、医療《いりょう》が整っていないことから、いまもエイズで亡《な》くなる人たちが少なくありません。

南アフリカでも毎年、若者《わかもの》を中心に多くの人たちがエイズで亡《な》くなっています。エイズで親を失い、孤児《こじ》になってしまった子どもたちが大勢《おおぜい》います。

こうしたエイズ孤児《こじ》を引き取って世話をしているのが、多くの場合、若《わか》くして亡《な》くなった両親のお母さん、つまりおばあちゃんたちなのです。

十人以上の孫などの子どもたちの世話をしているおばあちゃんたちも少なくあり

ません。

運動会のあと、近くの貧困《ひんこん》地区にあるムブソさんの家を訪《たず》ねてみました。

家の外まで出てきて、ぼくのことを待ってくれていました。ぼくを歓迎《かんげい》してくれてほっとします。中には、自分の家のことを見られたくないと緊張《きんちょう》する人も少なくないからです。

ムブソさんの家は、あちこちの天井が壊《こわ》れていました。雨漏《あまも》りで家の中がびしょびしょになってしまうということでした。

この家でムブソさんは、大勢《おおぜい》の孫やひ孫たちと一緒《いっしょ》に暮《く》らしています。

一番上の子は十八歳《さい》、一番下の子はまだ二歳《さい》です。みんな合わせて十五人もの子どもがいます。みんな「エイズ孤児《こじ》」だということでした。

ムブソさんには、五人の息子や娘《むすめ》がいましたが、エイズで次々《つぎつぎ》に亡《な》くなり、残されていった子どもたちなのです。

ムブソさんも含《ふく》めて家族は十六人もいるのに、家の中にはベッドがひとつしかありませんでした。

これでどうやって寝《ね》ているのか、思わず聞きました。すると、ムブソさんが幼《おさな》い子どもたち四人と一緒《いっしょ》に寝《ね》て、年上の子どもたちは、粗末《そまつ》なマットや布《ぬの》を床《ゆか》に敷《し》いて毎晩寝《まいばんね》ているということでした。

貯金《ちょきん》は亡《な》くなった息子や娘《むすめ》たちの葬式《そうしき》のためにほとんど使い果たしてしまいました。

わずかな年金だけでは、これだけの大家族を養うことはとうていできません。ムブソさんは、近所の人たちの服を洗濯《せんたく》したり、小さな農地を耕《たがや》したりして、毎日毎日休むひまもなく働いていました。

「朝から晩《ばん》までずっと働き続けています。寝《ね》るときには体が痛《いた》いし、小さな子どもたちは夜中に泣き出すし、全身疲《つか》れ切っています」

それらの仕事に加えて、ムブソさんが孫たち全員の子育てもしているというので、とても大変なのは間違《まちが》いありません。

ムブソさんは、忙《いそが》しいだけでなく、十分な食事も取れていません。疲《つか》れを癒《いや》すのも難《むずか》しいだろうと心配になりました。

ぼくが訪《おとず》れたときは、ムブソさんは、鍋《なべ》でジャガイモや葉っぱなどを煮《に》て、夕食を作っていました。

肉が食べられるのは週一回だけ。インド洋に面したダーバンで暮《く》らしているので、魚は手に入りませんかと聞くと、魚は高いので、ほとんど食べられないということでした。

それでもムブソさんは香辛料《こうしんりょう》を手に入れて、少しでも子どもたちが美味《おい》しく食べてくれるよう工夫しています。

ぼくはムブソさんに、一番困《こま》っていることは何か聞いてみました。

「孫たちが学校で食べる給食費《きゅうしょくひ》さえ、うちにはないときがあります。孫が給食費《きゅうしょくひ》をもらいにきて、お金がないとき、私《わたし》はどこかに隠《かく》れてしまいます。孫たちが泣きながら、学校に行く後ろ姿《すがた》を見るのが一番つらいです」

隠《かく》れなければいけないムブソさんの姿《すがた》を想像《そうぞう》して、ぼくは胸《むね》が痛《いた》くなりました。

元気をもらってまた頑張《がんば》ります

エイズで親を亡《な》くしたエイズ孤児《こじ》は、南アフリカに今でも七〇万人以上いると言われています（二〇二四年）。

しかし社会的な支援《しえん》は十分でなく、多くの場合、ムブソさんのような祖母《そぼ》が孫たちを引き取り、苦労しながら育てています。

おばあちゃんたちの愛情《あいじょう》を受けて、こうした子どもたちは困難《こんなん》にも負けずに生きています。

ムブソさんの孫たちも、兄弟たちが助け合って学校にも通っていました。畑仕事もみんなで協力してムブソさんの仕事を手伝っていました。

十五人の子どもたちはそれぞれ夢《ゆめ》を持っていて、学校の教師《きょうし》や、エンジニア、サッカー選手になりたいという男の子もいました。

十五人の子どもたちが南アフリカの社会へと次々《つぎつぎ》に飛び立っていき、きっとムブソさんのことを喜《よろこ》ばせることでしょう。

「ゴーゴー・オリンピック」はそんな頑張《がんば》るおばあちゃんたちが、ひとときでも普《ふ》段《だん》の疲《つか》れを吹《ふ》き飛ばし、仲間と一緒《いっしょ》に走ったり、踊《おど》ったり、歌ったり、心から楽しめるように、コロナ禍《か》をへて今も行われています。

ムブソさんは、運動会が終わった後、最後にこう話していました。

「参加できてとても幸せ。同じ苦労をしている仲間たちから元気をいっぱいもらったので、明日からまた子どもたちのために頑張《がんば》ります」

十五人もの孫たちの未来のために、働きづめのムブソさん。
忙《いそが》しい暮《く》らしの中で大変な一歩を日々《ひび》積み重ねているのです。
そのための元気は、仲間からもらえるのだとムブソさんの笑顔を見て思いました。

第三章

地球の未来のために

写真提供:BORN FREE

アフリカに古着を捨《す》てないで

ごみを回収《かいしゅう》する少女

ぼくがナイロビを訪《おとず》れたのは、雨期でした。ナイロビはケニアの首都で、ビルが建ち並《なら》ぶ都会です。ちなみに、ナイロビの市内には「ナイロビ国立公園」があり、野生動物が保護《ほご》されています。都市のすぐ近くとあって、ビルを背景《はいけい》にしてキリンやゾウなどの姿《すがた》を見ることができますし、飛行機が空港に到着《とうちゃく》するときに、シマウマの姿《すがた》を見かけることもあります。

そんなナイロビはとても過《す》ごしやすく、雨期でも比較的《ひかくてき》、雨が穏《おだ》やかです。

ぼくは小雨が降《ふ》る中で、地元の環境保護団体《かんきょうほごだんたい》の人たちがレインコートを着て、ごみを回収《かいしゅう》するところを取材しにきました。

ぼくがこのごみ拾いに注目したのは、その背景《はいけい》に地球規模《きぼ》の大きな問題があるからです。

ごみが捨《す》てられているのは、車通りが多い道路のそばや、市内を流れる川辺です。そこに一人の女の子が、母親と一緒《いっしょ》にごみを回収《かいしゅう》した袋《ふくろ》を運んでいました。

十歳《さい》のジャダ・ニーマさんと母親のルース・アニャンゴさんです。二人は毎回のようにNGO《エヌジーオー》の清掃《せいそう》活動に参加しているそうです。

泥《どろ》で茶色くにごった水たまりには、さまざまなごみに混《ま》じって、多くの古着が捨《す》てられていました。

ごみを拾うジャダさん

シャツ、ジーンズ、帽子《ぼうし》、靴《くつ》など、どれも泥《どろ》で汚《よご》れてボロ切れのようになっています。ジャダさんたちは、それをひとつひとつ拾って、袋《ふくろ》に入れていきます。

ジャダさんは作業をしながら、お母さんに話しかけます。

「どうしてみんなは、こうやって環境《かんきょう》を汚《よご》すの。私《わたし》たちがこれから暮《く》らしていく地球を汚《よご》してしまっているって、どうして分からないのかしら」

ぼくもその通りだと思いました。どうして、道ばたや川辺に古着を捨《す》てるのでしょう。ごみを捨《す》てる場所はないのでしょうか。

深刻《しんこく》なごみの問題

ナイロビ市内には、巨大《きょだい》なごみの埋《う》め立て地があります。

そこには、見渡《みわた》す限《かぎ》りごみが積まれて広がっています。遠くまで見渡《みわた》してもごみの終わりが見えないくらいで、ごみの海という印象《いんしょう》です。

この埋《う》め立て地では、あちこちでごみに自然に火がついて煙《けむり》が上がっていました。

巨大《きょだい》なごみの埋《う》め立て地

マスクを二、三枚《まい》重ねても、強烈《きょうれつ》な匂《にお》いで耐《た》えられないくらいでした。

生ごみやプラスチックのごみなどさまざまなごみが落ちていますが、古着もたくさんあります。

元々《もともと》は黒色だったジャンパーは、泥《どろ》がこびりつき、布《ぬの》がボロボロになって、灰色《はいいろ》になっていました。赤色だったシャツも茶色に汚《よご》れてドロドロです。

一方で、ほとんど新品のジーンズが三枚《まい》ほど束になって捨《す》てられていました。

こうした洋服の多くは、石油を原料にしたポリエステルと呼《よ》ばれる化学繊維《せんい》から作られたものです。丈夫《じょうぶ》でくずれにくく、しかも価《か》

格《かく》も安いことから大量に製造《せいぞう》されて、使われてきました。

しかしこうした洋服は、そのままでは長い間分解《ぶんかい》されることなく、ごみとしてずっと環境《かんきょう》に残ってしまいます。

ほかのごみと一緒《いっしょ》に何重にも積み重なって、巨大《きょだい》なごみの山となっていくのです。ぼくは、まるで洋服の墓場《はかば》のようだと思いました。

ナイロビには、古着を集めて売ったり、直して売ったりする人がいるのですが、そのときに、修理《しゅうり》であまった布切《ぬのき》れや、古すぎて使えない服を川に捨《す》ててしまう人もいます。

ケニアでは、ごみ処理《しょり》やリサイクルの仕組みがまだ整っていないなかで、ごみだけでなく古着も、川辺や空き地、道ばたなどに捨《す》てられてしまい、水や周辺の土を汚染《おせん》するなど、大きな環境《かんきょう》問題となっているのです。

古着はどこから来るのか

実は、こうした古着のほとんどは、ケニアなどアフリカで作られたものではなく、欧米《おうべい》やアジアの国々《くにぐに》から輸入《ゆにゅう》されたものです。

世界では、ファストファッションと呼《よ》ばれる、安くておしゃれな服が大人気です。流行《りゅうこう》に合わせて消費者《しょうひしゃ》は手軽に購入《こうにゅう》し、しばらく着たら手放してしまう傾向《けいこう》にあります。安く作るためにも大量に生産し、消費《しょうひ》も早くしなければなりません。

こうして豊《ゆた》かな国々《くにぐに》の消費者《しょうひしゃ》が着なくなった多くの古着が、最終的に行き着く先が、アフリカの国々《くにぐに》というわけです。

ナイロビでは、海外から輸入《ゆにゅう》された古着が山積みとなっているマーケットがあちこちにあって地元の人たちに人気です。こうした古着を売ることで生活を支《ささ》えている人たちも大勢《おおぜい》います。

しかし、海外から輸入《ゆにゅう》された洋服の中には、すでに穴《あな》が開いていたり汚《よご》れていたりと、着られそうもない古着もたくさん混《ま》じっていて、すぐに捨《す》てなければなりません。ぼくには、まるで豊《ゆた》かな国の人たちが、ごみを貧《まず》しい国の住民に押《お》しつけているようにも見えました。

ジャダさん

こうした背景《はいけい》もあって、ナイロビには古着のごみが氾濫《はんらん》しているのです。

ぼくはこのごみを掃除《そうじ》する人たちを取材しようと思いました。その中の一人、ジャダさんが環境《かんきょう》問題に真剣《しんけん》に取り組むようになったのは、七歳《さい》のときからと知って、驚《おどろ》きました。

七歳《さい》といえば、小学一年生か二年生です。大人だって、重いごみ袋《ぶくろ》を抱《かか》えたり、汚《きたな》くて臭《にお》うごみを拾うのは苦労するものです。なにより、そんなに小さいときからずっと続けるのは大変なはずです。

ぼくはジャダさんに詳《くわ》しく話を聞かせてもらい、とても感心しました。

ジャダさんは、元々《もともと》はビクトリア湖というアフリカ最大の湖に面した、緑が多い地方の街で暮《く》らしていました。

家族とともに大都市ナイロビに引っ越《こ》してきましたが、いたるところにごみが散《さん》乱《らん》しているのを見て強いショックを受けたそうです。

「人々《ひとびと》があまりにごみを無造作《ぞうさ》に道ばたに捨《す》てています。特にペットボトルや古着のごみが多いです。何とかしなければと思いました」

何とかしたい。ジャダさんは、ネットで検索《けんさく》して、環境保護団体《かんきょうほごだんたい》「クリーンアップ・ケニア」の存在《そんざい》を知りました。

「ほかにも環境《かんきょう》のことを心配して、何か行動したいという人たちがたくさんいることが分かって嬉《うれ》しかったです。私《わたし》は環境《かんきょう》のために闘《たたか》う人になりたいと思ったの」

取り組みに参加するだけでも素《す》晴《ば》らしいと思うのですが、ジャダさんは学校でも、ほかの子どもたちに環境《かんきょう》を守ることの大切さや、ごみを分別して出すことなどを一《いっ》

木を植えるジャダさん

生懸命《しょうけんめい》に伝えようとしてきました。

ここに掲載《けいさい》したのはジャダさんが九歳《さい》になったときの誕生日《たんじょうび》パーティーの写真です。友だちからプレゼントをもらう代わりに一本の苗木《なえぎ》を植えましょうと呼《よ》びかけました。ジャダさんはこの「バースデーツリー」の取り組みを学校でも広げようとしています。

厳《きび》しい現実《げんじつ》をこえて

そんなジャダさんの頑張《がんば》りについて、母親のルースさんはこう言います。

「誇《ほこ》らしいと思うとともに、実は心配しています。現実《げんじつ》は厳《きび》しいです。草の根の活動だけではなかなか環境《かんきょう》は変わりません。娘《むすめ》が現実《げんじつ》に傷《きず》つき、悲しい思いをしてほしくないと思っています」

母親の心配をよそにジャダさんは力強く語ります。

「どうして人々《ひとびと》は環境《かんきょう》を大切にしてくれないのかと思います。環境《かんきょう》のために身近でできることがたくさんあるのに」

母親のルースさんは心配しながらも、環境《かんきょう》問題に熱心に取り組むジャダさんに影《えい》響《きょう》を受けてきました。「クリーンアップ・ケニア」の活動を最初に始めたのもジャダさんで、ルースさんは娘《むすめ》に誘《さそ》われて活動を始めたのです。

ルースさんが環境《かんきょう》問題に関心を持つようになって新たに始めた仕事があります。それが仕立屋さんです。お客さんの服を預《あず》かって、縫《ぬ》い直したり、寸法《すんぽう》を変えたり、継《つ》ぎはぎをしたりする仕事です。ルースさんは、大量生産、大量消費《しょうひ》ではなく、一着との長い付き合いができるよう、お客さんにアドバイスします。そして長く着られる丁寧《ていねい》な服作りをするのです。

「私《わたし》の仕事は、デザイナー、そして『環境《かんきょう》に優《やさ》しい仕立屋さん』です。いま着ている服を捨《す》てないで大切にしていきましょうと、みんなに訴《うった》えています。いまの服にちょっと手を加えるだけでも、新しい魅力《みりょく》が出てくるのです」

ルースさんが目指しているのは、まさにいま日本を含《ふく》めて世界で注目されているサステナブル・ファッションですね。

ジャダさんとともにルースさんも訴《うった》えます。

「先進国のブランドはもっと品質《ひんしつ》がよくて長く着られる服を作るべきです。そして豊《ゆた》かな国の消費者《しょうひしゃ》の人たちも、もっと地球のことを考えて行動してほしい。一着一着を大切に着てほしいです。流行《りゅうこう》に合わせて服を手軽に買ってすぐに飽《あ》きてしまう。自分たちが手放した古着が、遠く離《はな》れたアフリカの環境《かんきょう》を汚染《おせん》しているということを分かってほしいです」

海にはプラスチックごみが

ジャダさんとルースさん親子は、最近、ケニア東部のマリンディという海沿《うみぞ》いの街に引っ越《こ》ししました。インド洋に面して美しい砂浜《すなはま》が広がっている地域《ちいき》です。

しかしそこにも、海からはプラスチックのごみが砂浜《すなはま》に流れ着いたり、観光客が捨《す》てたペットボトルが道路などに散乱《さんらん》したりしています。

「環境《かんきょう》のために闘《たたか》う！」というジャダさんは、そうした状況《じょうきょう》を見過《みす》ごすことはできません。週末になると、ここでも大きな袋《ふくろ》を持って、ルースさんと一緒《いっしょ》に砂浜《すなはま》を歩きながらごみを回収《かいしゅう》しています。

そして、ジャダさんがいま最も力を入れて取り組んでいることが、こうしたプラスチックごみの問題です。

暮《く》らしを便利にしてきたプラスチック製《せい》品《ひん》ですが、その多くが「使い捨《す》て」され、河川《かせん》を通じて海に流れ出て、世界中の海を汚《よご》しているのです。

ウミガメや鳥など多くの生き物が、海や海底にただようプラスチック製《せい》の袋《ふくろ》や漁具の網《あみ》に誤《あやま》ってからまってしまい、傷《きず》つけられたり、死んでしまったりしています。

浜辺《はまべ》にはたくさんのごみが

また、大量のプラスチックごみが各地の海岸に打ち上げられ、砂浜《すなはま》を埋《う》め尽《つ》くしている状況《じょうきょう》です。ジャダさんの地元の海岸にも、たくさん押《お》し寄《よ》せています。

そこでジャダさんは、地元の子どもたち三〇人に呼《よ》びかけて、ある取り組みを始めました。海岸に打ち上げられたプラスチックごみを回収《かいしゅう》して、アート作品を作ることにしたのです。

ぼくも見せてもらいました。

ペットボトルのフタや、使い捨《す》ての皿の破片《はへん》などを分類して上手《じょうず》に木のボードに貼《は》り付け、魚をモチーフにした作品や（目次にある作品の写真がそうです）、カラフルなアフリカ大陸の地図ができ上がっていました。

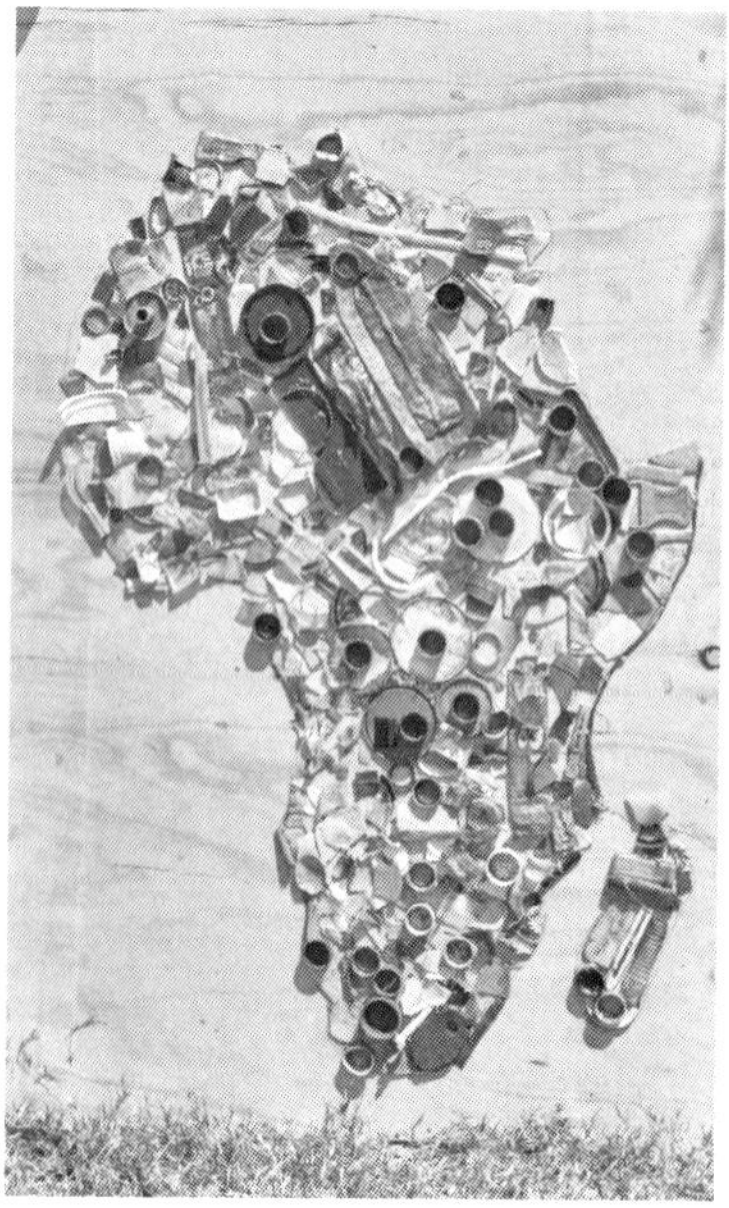

アフリカ大陸を表現《ひょうげん》したアート作品

これを街の広場で展示《てんじ》したり、SNS《エスエヌエス》で紹介《しょうかい》したりすることで、「ストップ！プラスチックごみ」とみんなに訴《うった》えているのです。

ほかにも、ジャダさんは多くの人たちから署名《しょめい》を集めて、環境《かんきょう》問題を専門《せんもん》とする、ナイロビに本部がある国連機関の代表に会って署名《しょめい》を提出《ていしゅつ》し、次のように訴《うった》えました。

「プラスチックごみによって海が汚《きたな》くなることで最も影響《えいきょう》を受けるのは、これから地球で暮《く》らしていく私《わたし》たち子どもです。海の生き物の命を守っていきたいです。ぜひ国連が中心となって世界の国々《くにぐに》が協力して対策《たいさく》を取ってほしいです」

ぼくは最後に、ジャダさんに「将来《しょうらい》の夢《ゆめ》は何ですか？」と聞きました。

ジャダさんは「パイロットになりたい」とすぐに答えてくれました。

しかも、ただのパイロットではないそうです。航空機《こうくうき》がジェット燃料《ねんりょう》を燃《も》やして、多くの二酸化炭素《さんかたんそ》を排出《はいしゅつ》していることを知って、環境《かんきょう》に優《やさ》しいバイオ燃料《ねんりょう》を使った航空機《こうくうき》のパイロットになりたいと思っていると言います。

「世界の空を、きれいな空にしていきたいの」と明るく話していました。

ライオンを守りたい

野生動物が絶滅《ぜつめつ》の危機《きき》

アフリカの魅力《みりょく》のひとつは、なんといっても野生動物です。

アフリカの大草原には、さまざまな種類の大型《おおがた》の動物が暮《く》らしています。ゾウやサイ、キリン、カバなど、サバンナで見る動物たちは生き生きとして迫力《はくりょく》がありま す。

しかしいま悲しいことに、こうした野生動物の多くが絶滅《ぜつめつ》の危機《きき》にあります。

あの勇ましい姿《すがた》のライオンも数が大幅《おおはば》に減《へ》っています。百獣《ひゃくじゅう》の王とまで言われるのに、このままでは地球上からいなくなってしまうのです。

その原因《げんいん》を作っているのは……人間です。

人間によって狩《か》りが行われたり、住む場所を追いやられたりしていることが原因《げんいん》となっています。またライオンの獲物《えもの》となるほかの動物も人間の活動が原因《げんいん》で減《へ》り、ライオンの食べるものがなくなり、その結果、ライオンの数も減《へ》っています。

こうしたなか、ライオンを絶滅《ぜつめつ》から守りたいと地元ケニアの子どもたちが立ち上がりました。

彼《かれ》らはライオンを守るための国際《こくさい》的記念日、「世界ライオンの日」（八月十日）に合わせてライオン保護《ほご》を訴《うった》え、行進を行ったのです。ぼくはこの素晴《すば》らしい取り組みをぜひ取材したいと思いました。

子どもたちが暮《く》らしているのは、標高五千メートルを超《こ》える美しいケニア山のふもとです。付近には、メル国立公園が広がっています。ここは野生動物の宝庫《ほうこ》で、百頭以上のライオンが生息し、ライオンと人とのふれ合いを描《えが》いた名作映画《えいが》「野生のエルザ」の舞台《ぶたい》になったことでも知られています。

この日に、小学生たちおよそ五百人が集まって、「ライオンを守ろう」という垂《た》れ幕《まく》を掲《かか》げ行進しました。子どもたちは半日をかけて二万歩、およそ八キロを歩き通しました。

それにしてもなぜ二万歩なのでしょう。気になって聞いてみると、アフリカ大陸にいま残っているライオンの数がわずか二万頭ほどで、子どもたちは歩く一歩一歩に、「一頭でも多くのライオンを救《すく》いたい」という気持ちを込《こ》めたのだそうです。

このイベントをサポートしたのは、N《エヌ》GO《ジーオー》「ボーンフリー」です。ボーンフリーとは、英語で自由に生きるという意味です。野生動物が自由に生き生きとして暮《く》らしてほしいと、保護《ほご》活動にあたっている団体《だんたい》です。

ライオンを守るための行進　写真提供:BORN FREE

行進に参加した子どもの一人にエスター・カレンボさん（十五歳《さい》）がいます。

ぼくがエスターさんと初めて会ったとき、赤のスカートに青色のシャツを上手《じょうず》に合わせていて、とてもおしゃれでした。

少しはにかんだ優《やさ》しい笑顔を見せながら、インタビューに応《おう》じてくれました。

頑《がん》張《ば》った行進

エスターさんは右足が不自由です。膝《ひざ》の下がありません。三歳《さい》のころ、外で遊んでいて足を毒蛇《どくへび》にかまれたのです。すぐに治療《ちりょう》を受けられず、毒《どく》がまわってしまい、足を切断《せつだん》するしかありませんでした。

アフリカの国々《くにぐに》では、毒蛇《どくへび》にかまれて毎年一万五千人以上が命を落としてきたとみられています。その多くが子どもたちです。草むらの中で遊んでいたり、お手伝いで枝《えだ》を取りに森に行ったりして蛇《へび》にかまれることが多いです。適切《てきせつ》な治療《ちりょう》さえ早く受けられれば、多くの命が助かっていたでしょう。

アフリカでは、多くの地域《ちいき》で病院や薬が不足しています。蛇《へび》にかまれても、その薬もなかなか手に入りません。電気さえ通っていないところもあって、薬を適切《てきせつ》に保存《ほぞん》しておく設備《せつび》さえ整っていないのです。

さらに、何とか命は助かったものの、エスターさんのように手や足などが不自由になってしまった人たちは、亡《な》くなった人の何倍もいると言われています。

エスターさんは幼《おさな》い頃《ころ》に足を失ったことで、いまも厳《きび》しい生活を続けています。家にお金がないため、

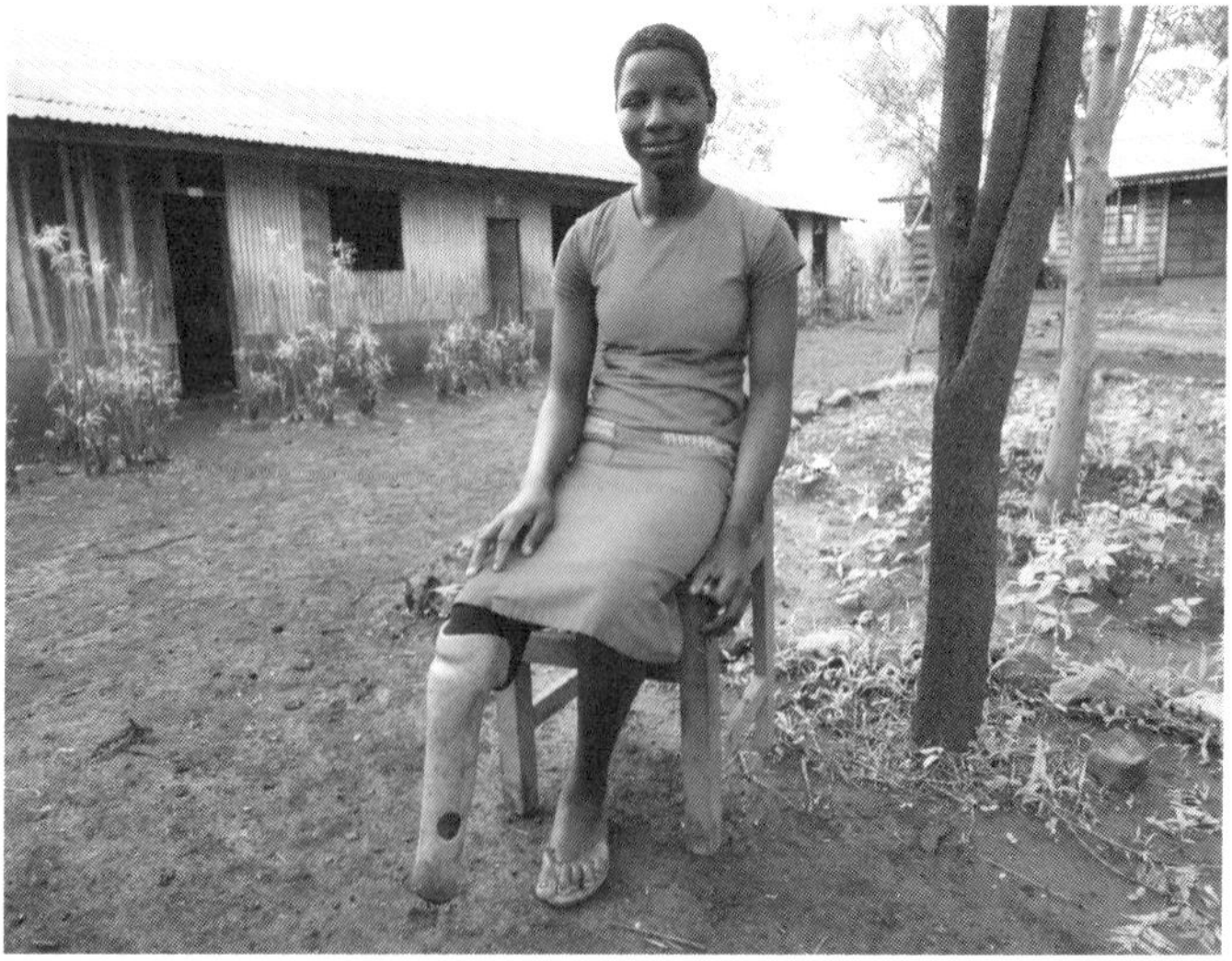

右足を失ったエスターさん

ちゃんとした義足《ぎそく》を手に入れることができず、不自由な毎日を暮《く》らしています。一日数百円で生活しているエスターさんの家庭にとって、多くのお金が必要な義足《ぎそく》を手に入れることはとうてい無理な話でした。

エスターさんが幼《おさな》いころから使っているのは、プラスチック製《せい》の筒《つつ》のようなもので、義足《ぎそく》とはとうてい言えないものでした。でもエスターさんの家で購入《こうにゅう》できるものはこれくらいだったのです。

それでもエスターさんは「ライオンの日」の行進で頑張《がんば》りました。途中《とちゅう》疲《つか》れて休んだり、友だちや先生に助けてもらったりしていましたが、半日かけて、みんなと一緒《いっしょ》に歩き抜《ぬ》いたのです。

「私《わたし》が頑張《がんば》る姿《すがた》を見て、みんなもライオンを守ることができる、と勇気を持ってほしい。そう思いながら歩きました」

どうしてライオンをここまでして守りたいと思ったのか。エスターさんに聞いてみました。

「ライオンは、アフリカの人たちにとって大切な存在《そんざい》です。ライオンがいるからこそ、世界中の人たちがサファリとか、アフリカに観光で来てくれると思うの。ライオンを守ることは、私《わたし》たちの暮《く》らしを守ることにもつながります」

エスターさんは、自分のことではなくて、みんなのことを考えて、村の発展《はってん》のためには、もっと多くの観光客にメル国立公園に来てもらうことが必要で、そのためにもライオンを守っていかなければならないと強い気持ちを持っていたのでした。

入場料が払《はら》えなかった

ウィリアム・モネネくん（十六歳《さい》）も行進に参加した子どもの一人です。

ウィリアムくんが暮《く》らしているのは、原っぱに建てられた粗末《そまつ》な小屋です。両親と一緒《いっしょ》に暮《く》らしていますが、父親は病気で寝《ね》ていることも多く、母親が街まで行って清掃業《せいそうぎょう》などの仕事をして家族を養っています。

家には電気も通っていません。夜は、真っ暗になってしまい、宿題など勉強をするときには暗いランプを灯すしかありません。安い燃料《ねんりょう》を使うランプは、煙《けむり》が大量に出て、火事を起こさないよう気をつけなければなりません。アフリカでは、こうした電気が通っていない地域《ちいき》がまだまだ多く、ぼくもアフリカ各地で、子どもたちが暗やみの中、わずかな灯りで勉強する姿《すがた》を見てきました。ウィリアムくんもそうです。

それでも成績《せいせき》は学年でトップ。生徒会長に選ばれてきました。

学校の制服《せいふく》である、ピンクの柄《がら》の入ったシャツに赤色の短いズボンをはいたウィリアムくん。すらっとした姿《すがた》にとても似合《にあ》っています。

ウィリアムくんが野生動物を初めて

ウィリアムくん

直接《ちょくせつ》見たのは、去年のことでした。

アフリカに住んでいるからといって、だれもが野生動物を間近に見かけるわけではありません。

ウィリアムくんの通う学校や住んでいる家からは、一時間も歩けばメル国立公園のゲートに到着《とうちゃく》するということです。

でも、ウィリアムくんは、この国立公園に入って野生動物を見たことはありませんでした。千円ほどの入場料を支払《しはら》うことができなかったのです。

しかし「ボーンフリー」が地元の貧《まず》しい子どもたちをバスに乗せて無料で公園内に案内してくれ、ウィリアムくんも生まれて初めて野生動物を間近で見ることができました。

その日の朝の興奮《こうふん》について、ウィリアムくんは作文でこう綴《つづ》っています。

「朝早く学校に集まってみんなでバスを待っていました。すると二〇分ほどでバスが到着《とうちゃく》して、みんなで乗り込《こ》みました。いよいよ夢《ゆめ》が現実《げんじつ》になる、王様と同じくらいぼくたちはいま幸せだ」

ウィリアムくんにどの動物が良かったかと聞くと、すぐにこう話してくれました。

「ライオンを見たときが一番感動しました。雄《おす》のたてがみ、大きな体、迫力《はくりょく》ある姿《すがた》、夢《む》中《ちゅう》になってしまいました。こんな強そうなライオンが絶滅《ぜつめつ》しかけているなんて信じられませんでした」

またウィリアムくんは公園のレンジャーから直接《ちょくせつ》話を聞けたことも、とても良かったと目を輝《かがや》かせて話していました。

レンジャーは、野生動物を守るために日々《ひび》活動をしている人たちです。パトロールを毎日行い、「密猟者《みつりょうしゃ》」と呼《よ》ばれる、違法《いほう》に動物の狩《か》りを行おうとする犯罪者《はんざいしゃ》と闘《たたか》っています。

密猟者《みつりょうしゃ》たち

密猟者《みつりょうしゃ》は、貧《まず》しい人たちが多く、少しでもお金を得《え》ようと、ワナを作って、動物を捕《つか》まえて売ろうとしています。

これに対してレンジャーたちは、ワナを見つけて安全のために取り外します。

レンジャーの男性《だんせい》がウィリアムくんたちに、こう語ったそうです。

「動物保護《ほご》で大切なことは、決してあきらめないことだ。一生懸命《いっしょうけんめい》、パトロールしていても、動物を守ることができないときも多い。貴重《きちょう》な動物が密猟者《みつりょうしゃ》にやられて死んでしまったときは本当に悲しい。でも、たとえわずかな一歩でも、それを続ければ大きな成果になる。ひとつひとつワナを見つけていくことで、結果として多くの野生動物を守ることができるんだ」

気温も暑く、虫に刺《さ》されることも多い森の中を毎日毎日パトロールして、ようやくワナを見つけたら、すでに捕《つか》まっていた動物は持ち去られたあとであったり、すでに死んでしまっていることも少なくないそうです。

それでも一生懸命《いっしょうけんめい》に頑張《がんば》っていれば、きょうも一個《こ》、また次の日も一個《こ》と、野生動物がかかる前にワナを取り外し、大切な命を助けていくことができます。

ウィリアムくんはぼくに言いました。

「レンジャーの話も聞いて、ぼくは、行進に参加したいと思ったのです。まずはできることから始めようと」

実は、ライオンをどう保護《ほご》するかは、地元の人たちにとって、難《むずか》しい選択《せんたく》を迫《せま》られることとなっています。

というのも、この地域《ちいき》では、お腹《なか》を空かせたライオンが、たびたび牛や羊などの家畜《かちく》を襲《おそ》い、怒《おこ》った住民が家畜《かちく》を守るためにライオンを殺《ころ》す事態《じたい》となってきたのです。ライオンを守る対象《たいしょう》だとは考えづらいのです。

ただ、これは人口が増《ふ》えて暮《く》らす地域《ちいき》が広がり、人がライオンの生息地に近づいていることも原因《げんいん》のひとつで、ライオンに非《ひ》があるとは言いづらいものの、人

ワナを外すレンジャー　写真提供:BORN FREE

口が増《ふ》えるとその分の農地や居住地《きょじゅうち》が必要になるので、難《むずか》しいのです。

さらに悪いことが最近起きています。

深刻《しんこく》な干《かん》ばつ

深刻《しんこく》な干《かん》ばつの影響《えいきょう》です。メル国立公園でも多くの草食動物が死んでしまっています。ぼくが公園を訪《たず》ねたときも、インパラなどの干《ひ》からびた死骸《しがい》があちこちにありました。

干《かん》ばつの影響《えいきょう》で、エサとなる草食動物が少なくなってしまい、飢《う》えたライオンが家畜《かちく》を襲《おそ》うことが増《ふ》えていると言います。ライオンも自分の子どもたちを食べさせるために必死なのです。

住民にとっても家畜《かちく》は、大切な財産《ざいさん》であり、生きていくための糧《かて》です。

大切な家畜《かちく》がいなくなってしまうと、家族を養うことができず、子どもたちが学校に行くことさえできなくなってしまいます。また家畜《かちく》を増《ふ》やすとしても、時間がとてもかかります。

人の生活に深刻《しんこく》な打撃《だげき》を与《あた》える野生動物は、ライオンだけではありません。

ゾウなども農地を荒《あ》らしてしまい、ときには、家まで押《お》しつぶしてしまうこともあります。これも干《かん》ばつの影響《えいきょう》で、公園内でエサとなる緑が減《へ》ってしまった影響《えいきょう》だとされています。

どうすれば、野生動物と人々《ひとびと》が共存《きょうぞん》できるのか。

「ボーンフリー」は、住民と一緒《いっしょ》にユニークな取り組みを進めています。

この写真、何だか分かりますか。

実は牛の後ろ姿《すがた》です。牛のお尻《しり》に大

牛の後ろ姿《すがた》　写真提供:BORN FREE

きな黄色い両目を描《か》いて、ライオンが怖《こわ》がって近づかないようにと工夫しているのです。

環境《かんきょう》クラブ

エスターさんやウィリアムくんたちは、学校に「環境《かんきょう》クラブ」を結成しました。そのクラブでは、野生動物と人とがどうすれば争うことなく、ともに生きていけるのか、生徒たちと住民で話し合うことを始めています。

子どもたち、住民、そして環境保護団体《かんきょうほごだんたい》、アフリカの貴重《きちょう》な動物を守るための必死な取り組みが続いています。

レンジャーの方が言ったように、一歩一歩を積み重ねていく以外に、状況《じょうきょう》をよくする方法がないのかもしれません。でも、みんなで踏《ふ》み出す一歩は、きっと大きいもののはずです。

ウィリアムくんたちの行進を見ながら、ぼくは胸《むね》を熱くしました。

第四章

教育がアフリカの将《しょう》来《らい》を変える

学校が大好き、給食も楽しみ

朝と昼の二回の給食

アフリカの東にあるケニアの首都ナイロビの郊外《こうがい》に、アフリカでも最大規模《きぼ》のスラム街「キベラスラム」が広がっています。国連によりますとおよそ二五万人もの人たちがここで暮《く》らしていると見られます。

ぼくが取材に向かった学校はこのスラムの中にあります。

訪《おとず》れた校舎《こうしゃ》の壁《かべ》には、アフリカのゾウやキリンなどの野生動物が、カラフルな絵で壁《かべ》に描《か》かれていました。そして校舎《こうしゃ》には小さな校庭がありました。

ぼくがここを訪《おとず》れたとき、大勢《おおぜい》の子どもたちが集まって歌と踊《おど》りの練習をしていました。「なんの歌なの?」と聞くと、ケニアの民族音楽だよ、という返事です。

民族音楽らしく、伝統《でんとう》楽器や太鼓《たいこ》の音色がにぎやかでした。

音楽に合わせてみんな楽しそうに踊《おど》って、見ているぼくも思わず楽しい気持ちになりました。

スラムの中にある学校なので、少し緊張《きんちょう》していたぼくは、子どもたちの様子に、嬉《うれ》しい気持ちと、どこかほっとしたような気持ちを感じたのでした。

この学校の名前は「マゴソスクール」。スラム街の貧《まず》しい家庭の子どもや、孤児《こじ》の子どもたちを多く受け入れており、授業料《じゅぎょうりょう》は全て無料です。

校舎《こうしゃ》の壁《かべ》には野生動物

二階建ての校舎《こうしゃ》には多くの教室があって、子どもたちが一生懸命《いっしょうけんめい》に勉強しています。

また、この学校では歌や踊《おど》りの音楽活動も盛《さか》んで、生徒たちは全国大会にも何度も出場し、優勝《ゆうしょう》したこともあります。

生徒たちは全員、シャツがオレンジ色で、帽子《ぼうし》やセーター、ズボンやスカートが茶色の制服《せいふく》を着ています。

みんな給食が大好き

その子どもたちが学校でいつも楽しみにしているのが、給食です。朝と昼の二回出ます。給食の時間になると、歓声《かんせい》があがり、みんなプラスチック製《せい》の容器《ようき》とコップを持ってクラスから出てきます。

校庭には、大きな調理用の鍋《なべ》がふたつ置かれその前にみんながきちんと一列になって並《なら》びます。誰《だれ》も横入りする人はいません。

そして学校にお手伝いに来ている大人が「チャパティ」と呼《よ》ばれる丸く平べった

いパンや、トウモロコシの粉《こな》などをお湯で練り上げた「ウガリ」と呼《よ》ばれる主食をよそってくれます。いずれもケニアの人たちが大好きな食べ物です。

続いて隣《となり》の鍋《なべ》からは、温かいチャイをコップに注いでもらいます。チャイは甘《あま》い紅茶《こうちゃ》のようなものです。

給食を受け取ると、みんな校庭の思い思いのところに座《すわ》って友だちと仲よく食べています。

実は、スラムの子どもたちにとって毎日、朝、昼と食事が食べられるというのは、とても嬉《うれ》しいことなの

給食を受け取る子どもたち

です。家が貧《まず》しいと、三食どころか一食がやっと、ということも少なくありません。お腹《なか》を空かしたままで、眠《ねむ》りにつく子どもたちも大勢《おおぜい》います。

ご飯が食べられずに、夜、お腹《なか》を空かしたまま寝《ね》る。それが何日も続くことがある。その気持ちはなかなか想像《そうぞう》しづらいかもしれません。

家では食べるものがないことも多いスラムの子どもたちは、給食をとても楽しみに毎日学校に通っているのです。

ぼくは給食を受け取る子どもたちをよく見ていると、気づいたことがありました。ご飯を半分くらい残して、カバンの中に入れている子どもたちがいます。

どうしてそんなことをするの、と聞いて驚《おどろ》きました。

この子たちは、家でお腹《なか》を空かして待っている幼《おさな》い兄弟のために給食を持って帰るのでした。

早川千晶《はやかわちあき》さんの思い

給食を食べる子どもたちを優《やさ》しく見守っている日本人の女性《じょせい》がいました。早川千晶《はやかわちあき》さんです。

早川《はやかわ》さんは、大学時代に世界中を旅してアフリカにひかれてケニアで暮《く》らすようになりました。そして、一九九九年にスラム出身のケニア人の女性《じょせい》が設立《せつりつ》した、このマゴソスクールをずっと支援《しえん》してきました。今では六百人以上の子どもたちが通う、スラムでも最も生徒数が多い学校となりました。

早川《はやかわ》さんは日本各地で講演会《こうえんかい》を行うなどして、寄付金《きふきん》を集めて学校の運営費《うんえいひ》にしてきました。さらには、早川《はやかわ》さんの活動を応援《おうえん》したいという人たちが「マゴソスクールを支《ささ》える

早川千晶《はやかわちあき》さんと子どもたち

会」を設立《せつりつ》し、学校の子どもたちを援助《えんじょ》してきたのです。

早川《はやかわ》さんはこれまでの学校支援《しえん》のことを振《ふ》り返り、こう語ります。

「アフリカって悲惨《ひさん》なことがたくさんあるんですけど、そんなどん底のような生活のなかでも子どもたちが力強く生きているんです。

私《わたし》はただただ、そんな子どもたちを支援《しえん》したいと思って三〇年以上、過《す》ごしてきました」

生徒の一人に話を聞くことができました。アシラくんです。

優《やさ》しそうなキラキラとした目が印《いん》

アシラくん（左）と友だち

象《しょう》的なアシラくん。実はもう十七歳《さい》ですが、学年は、まだ小学六年生です。三年前からマゴソスクールに通っていますが、それまでに厳《きび》しい道のりがありました。

アシラくんは幼《おさな》いころ、キベラスラムで両親、姉のマーガレットさんと暮《く》らしていましたが、両親とも病気で相次いで亡《な》くなります。マーガレットさんとも引き離《はな》されて、アシラくんは遠く離《はな》れたケニア西部の村で暮《く》らす祖父母《そふぼ》のもとに引き取られました。

しかし祖母《そぼ》は病気で寝込《ねこ》んでいて、祖父《そふ》も目が見えませんでした。アシラくんは来る日も来る日も二人の介護《かいご》や世話、それに畑の草刈《くさか》りなどの仕事に追われ、学校にもずっと行けませんでした。子どもが病気の大人たちの介護《かいご》に追われて苦しい生活を送る、いわゆるヤングケアラーだったのです。

一方、キベラの親戚《しんせき》の家に残った姉のマーガレットさんは、マゴソスクールの小学校に通うようになります。しかしなかなか勉強に集中できないでいました。早川《はやかわ》さんたちが「学校楽しくないの？　どうしたの？」と聞くと、「遠い村に生き別れた弟がいるの。弟は学校に行けないで働いてばかりいます。それを考えると私《わたし》は学校にいても胸《むね》が痛《いた》いんです。弟を助けてあげて」と訴《うった》えたのです。

マゴソスクールの先生たちが祖父母《そふぼ》のもとを訪《おとず》れ、子どもとしてあまりにも過酷《かこく》な環境《かんきょう》にいたアシラくんを連れて帰ってきました。

学校の先生がアシラくんを見つけたときには、無表情《ひょうじょう》で感情《かんじょう》をほとんど顔に出さなかったと言います。しかしマゴソスクールに来て、姉のマーガレットさんと十年ぶりに再会《さいかい》して初めて笑顔を見せました。

アシラくんにかつての村での生活で「一番大変だったことは？」と聞くと、「いつも周りの大人たちが口ゲンカをしていて嫌《いや》だった。あと、お腹《なか》を空かせたまま、寝《ね》ることも多くて辛《つら》かった」と語ってくれました。

そして今の生活については、「いま学校がとても楽しい。誰《だれ》もぼくのことを怒《おこ》らないし、働きなさいとも言われない。勉強を頑張《がんば》っていればいいのだから。それに給食にいつもウガリが出て幸せです」と明るく話していました。

小さい頃《ころ》から机《つくえ》で勉強するということがまったくなかったため、いまでも勉強になかなか集中できないときがあるというアシラくん。

でも将来《しょうらい》の夢《ゆめ》はと聞かれると、「マゴソスクールの先生になりたい！」と元気よく答えてくれました。

先生になって、学校に行けないでいる子どもたちを、もっともっとここに連れてきて、安心して友だちと遊んだり、勉強したりできるようにしてあげたいと、語っていました。

卒業した子どもたちにも

マゴソスクールが設立《せつりつ》されてから二〇年以上がたって多くの卒業生がここから巣立っていきました。すでに十六期まで卒業生がいます。

早川《はやかわ》さんたちはさらに、ここを卒業して、高校生や大学生になった子どもたちにも奨学金《しょうがくきん》を出して、五〇名以上の生徒の学費《がくひ》支援《しえん》も行っています。

最近では、そうした卒業生が戻《もど》ってきて学校の運営《うんえい》を助けたり、子どもたちに勉強を教えたりしています。

さらに早川《はやかわ》さんの支援《しえん》で大学生になった青年たちが、校庭の一角に「マゴソ・テックセンター」を作ってくれました。

子どもたちの将来《しょうらい》のためにコンピュータープログラムについて学べるよう、寄付《きふ》金《きん》をもとにパソコンが置かれています。

子どもたちはここで授業《じゅぎょう》の一環《いっかん》として、パソコンやインターネットの使い方を習うのです。大学生たちは、キベラスラムをよくするためのアプリ作りにもここで取り組んでいます。

モーゼスさん（二十歳《はたち》）もマゴソスクールの出身で早川《はやかわ》さんのおかげでナイロビ市内の大学にまで進学することができ、ボランティアでここに来ています。

キベラスラムの中に救急車《きゅうきゅうしゃ》を呼《よ》ぶことができるアプリをここで開発しました。

スラム街は、舗装《ほそう》されていないデコボコの狭《せま》い道が多く、病気やけがをした人がいても、道が分からないと言って救急車《きゅうきゅうしゃ》がなかなか来てくれません。

そこでモーゼスさんは、キベラの中で救急車《きゅうきゅうしゃ》が通れる道を示《しめ》してくれるアプリを作ったのです。自分が生まれ育ったキベラの人たちのために何か貢献《こうけん》をしたいと思って、自分の実体験から作りました。

「私《わたし》の周りでも救急車《きゅうきゅうしゃ》が来なくて病気やケガで亡《な》くなった人たちが少なくありません。マゴソスクールのおかげで私《わたし》は大学にまで通うことができています。少しでもその恩返《おんがえ》しをしたいと思いました」

モーゼスさんはぼくにそう話してくれました。

思わぬ形の広がり

早川《はやかわ》さんはこうした卒業生の活躍《かつやく》をとても喜《よろこ》んでいます。

「私《わたし》は、ひもじい子どもたちに食べ物を、学校に行けない子どもたちに教育をと願い、ひたすら支援《しえん》をしてきましたが、そんな中で子どもたちは学び、成長し、誰《だれ》もが幸せに生きられる世の中を作るにはどうしたらいいのかと彼《かれ》ら自身が考え、行動するようになりました。マゴソスクールで育った子どもたちが、今、大人になり活動の中心を担《にな》ってくれているのが本当に嬉《うれ》しいです」

さらにマゴソスクールの活動は最近、早《はや》川《かわ》さんの想像《そうぞう》もしなかった形で広がろうとしています。

早川《はやかわ》さんは、マゴソスクールの子どもたちについて日本各地の小中学校などで講演《こうえん》会《かい》を行い、紹介《しょうかい》してきました。

その中で「どんなに大変でも生きる力を失わないマゴソスクールの子どもたちにとても励《はげ》まされました」と、日本の子どもたちから多くの声が寄《よ》せられるようになっているのです。

中には、早川《はやかわ》さんの講演《こうえん》を聞いて、マゴソスクールの子どもたちと交流を深めたいと、一歩踏《ふ》み出した生徒たちもいます。大

マゴソスクールのことが書かれた自動販売機《じどうはんばいき》

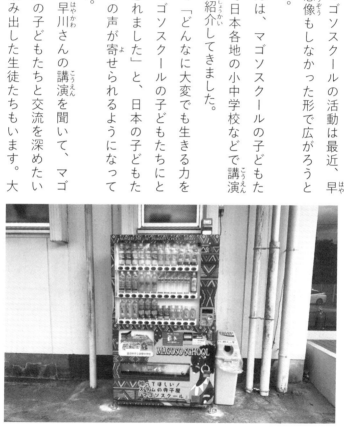

阪府富田林《とんだばやし》市の中学校の生徒たちがマゴソスクールの給食の資金《しきん》を支援《しえん》するため、みんなで話し合ってチャリティー自販機《じはんき》を校内に設置《せっち》しました。

飲料水メーカーと協力して、自販機《じはんき》には「スラムの寺子屋マゴソスクールを支援《しえん》しよう」とカラフルな文字で描《か》かれています。

早川《はやかわ》さんは「マゴソスクールから発信するメッセージが、日本で問題を抱《かか》える多くの子どもたちに影響《えいきょう》を与《あた》え、希望を生み出していく様子を間近で見てきました。人と人とは出会い、寄《よ》り添《そ》って、理解《りかい》し合うことで、奇跡《きせき》のような力を生み出していくのです」と嬉《うれ》しそうに話していました。

ぼくは、子どもたちの未来を信じて応援《おうえん》し続けていくことの素晴《すば》らしさを強く感じました。早川《はやかわ》さんの勇気ある一歩が、この奇跡《きせき》の始まりとなったのは間違《まちが》いありません。

「学校に行けて幸せ」「給食が楽しみ」

マゴソスクールでは、きょうも温かい給食を準備《じゅんび》して、スラム街の子どもたちを優《やさ》しく迎《むか》え入れています。

教室から夢《ゆめ》を見つけたい

大虐殺《ぎゃくさつ》の悪夢《あくむ》

アフリカ中部にあるルワンダは、広さが日本の四国の一・五倍ほどの小さな国です。豊《ゆた》かな自然が残っていて、マウンテンゴリラが暮《く》らしていることでも有名です。アフリカ広しといえども、ルワンダとその周辺国など、かぎられた地域《ちいき》にしかマウンテンゴリラはいません。

さらにルワンダは「千の丘《おか》の国」と言われています。数えきれないほどの緑の丘《おか》がいくつもあって、のどかな風景が広がっているからです。

そして、とても清潔《せいけつ》な国でもあります。

街がきれいに清掃《せいそう》されていて、ごみがほとんど落ちていません。

通信やコンピューター、先端技術《せんたんぎじゅつ》などにも力を入れていて、首都キガリには、ビルも建ち並《なら》んでいて、街はとても活気があります。

アフリカでも高い経済《けいざい》成長をとげている国のひとつとなっています。

こうしたいまのルワンダの発展《はってん》ぶりからはとうてい信じられませんが、実は、この国では三〇年前、多くの国民の命を奪《うば》う、大虐殺《だいぎゃくさつ》が起きました。「ルワンダ大虐殺《だいぎゃくさつ》」です。

ルワンダでは、主にフツとツチという二つの民族の人たちが、ともに暮《く》らしてきました。

二つの民族といっても、ほとんど違《ちが》いはなく、平和に助け合って生きてきた人たちです。

しかしヨーロッパの国によるひどい植民地支配《しはい》の影響《えいきょう》もあって、フツとツチの人たちの間で政治的《せいじてき》な争いが続きます。

そして内戦をきっかけにいっきに緊張《きんちょう》が高まり、一九九四年四月、ある日をさかいに、フツの人たちが集団《しゅうだん》でツチの人たちを次々《つぎつぎ》に襲《おそ》う事態《じたい》となりました。わずか一〇〇日ほどの間に、八〇万人もの人たちが虐殺《ぎゃくさつ》によって命を奪《うば》われたと言われています。

ツチの人たちを守ろうとしたフツの人たちもいましたが、その多くが犠牲《ぎせい》となりました。

これが世界の歴史《れきし》に残る悲劇《ひげき》となった「ルワンダ大虐殺《ぎゃくさつ》」です。

ぼくは、ルワンダがこうした悲惨《ひさん》な出来事からどのように復興《ふっこう》してきたのか、とても関心がありました。いまも世界で戦争や紛争《ふんそう》がたえないなかで、ルワンダが実《じっ》現《げん》した平和は、未来を作るヒントになるのではないかと思ったのです。

ぼくがルワンダで訪問《ほうもん》したのが、首都キガリにある小学校でした。

「ウムチョムイーザ学園」です。

地元の言葉で「良い文化」というこの学校の名前には、「良い文化を広げることで戦争をなくしたい」という願いが込《こ》められているそうです。

ウムチョムイーザ学園

この学校には、日本からさまざまな支援《しえん》が行われてきました。

文房具《ぶんぼうぐ》や机《つくえ》やイスなど、日本から集められて贈《おく》られたものも使われています。

さまざまな日本式の教育も取り入れられてきました。

そのうちのひとつが、日本式の運動会です。

まず青組・黄組・赤組・オレンジ組の四組に分かれ、入場行進が行われます。

ルワンダの伝統《でんとう》的な太鼓《たいこ》が鳴らされ、子どもたちがステップをしながら行進します。

小学生たちの宝物《たからもの》拾い競争、短距離《きょり》走、そしてリレーと続きます。

走っている子どもたちは、みな真剣《しんけん》な表情《ひょうじょう》

です。

リレーの選手は、バトンを手に、グラウンドのコーナーをあっという間に駆《か》け抜《ぬ》けていました。

運動会に参加した女の子の一人は、「完成したばかりのグラウンドで、みんなで一緒《いっしょ》になってダンスして、走って、応援《おうえん》したの。本当に楽しかったわ」と話していました。

紙で作られたメダルを子どもたちに授与《じゅよ》したのは、永遠瑠《とわり》マリールイズさん。

運動会では、子どものように目を輝《かがや》かせ、ニコニコしながら「頑張《がんば》っ

授業《じゅぎょう》中も元気いっぱい

たね！」と参加した一人一人の児童に声をかけていました。

「ルワンダには、子どもたちがみんなで一緒《いっしょ》に集まってスポーツをする運動会という文化はこれまでありませんでした。運動会は、みんなで力を合わせてするので、チームワークを高めることにとても役に立つと思ったのです。それに地域《ちいき》の人たちも応援《おうえん》に来てくれるので、学校と地域《ちいき》のつながりを広げていくためにもぜひ開催《かいさい》したいと思いました」

マリールイズさんは、ルワンダ出身ですが、長年、日本の福島県で暮《く》らしています。日本では全国で講演会《こうえんかい》をひらき、これまで千回以上、行いました。「ウムチョムイーザ学園」を設立《せつりつ》するために、日本で募金《ぼきん》や寄付金《きふきん》を呼《よ》びかけてきたNGO《エヌジーオー》の理事長なのです。

大虐殺《ぎゃくさつ》を生き延《の》びられた理由

マリールイズさんは三〇年前のルワンダ大虐殺《ぎゃくさつ》を奇跡《きせき》的に生き延《の》びた一人です。

当時、首都キガリで幼《おさな》い子ども三人と一緒《いっしょ》に暮《く》らしていたマリールイズさん。

　このときを振《ふ》り返り、講演会《こうえんかい》でこう話していました。

「きのうまで同じ地域《ちいき》で仲よく暮《く》らしていた人たちが突然《とつぜん》、自分たちに憎《にく》しみを持つようになり、とても悲しかったです。外では、そうした人たちが武器《ぶき》を持って集団《しゅうだん》でウロウロしていました。私《わたし》たちは、真っ暗な家の中で何日もおびえて過《す》ごしていました。窓《まど》から外の様子をそっとうかがうと、そこに見えたのは、いつもの街ではありませんでした。多くの家が黒《くろ》焦《こ》げになり、死んだ街になっていました」

講演《こうえん》するマリールイズさん

〈このままでは家族の命があぶなくなる〉と思ったマリールイズさんは、家から逃《に》げ出すことにしました。

「爆弾《ばくだん》が飛び交うなかで、幼《おさな》い子どもたちを連れて必死になって逃《に》げたのです。目の前で人が殺《ころ》されていました。私《わたし》の同僚《どうりょう》も三〇人のうち、二五人が命を落としたり行方不明になったりしました。実のお兄さんも犠牲《ぎせい》になりました」

マリールイズさんは子どもたちと何とか、隣《となり》の国コンゴ民主共和国の難民《なんみん》キャンプまで逃《に》げて、命が助かったのでした。

しかし難民《なんみん》キャンプにも大勢《おおぜい》の人たちが避難《ひなん》し、コレラなどの病気が広がり、食べ物も足りず、とても厳《きび》しい状況《じょうきょう》でした。

実は大虐殺《ぎゃくさつ》が起きる前の一九九三年、マリールイズさんは洋裁《ようさい》技術《ぎじゅつ》を学ぶ研修生《けんしゅうせい》として、福島市に一〇か月ほど滞在《たいざい》したことがありました。

ホームステイした家は、八〇歳《さい》を超《こ》える高齢《こうれい》の女性《じょせい》の家。マリールイズさんを受け入れてくれたそのおばあちゃんは、英語も話せませんでした。遠いアフリカのルワンダについて聞いたこともなかったはずです。

それでもおばあちゃんは、まだ若《わか》かったマリールイズさんをこころよく受け入れてくれました。

マリールイズさんは、日本語学校で習ったばかりのひらがなを書いて見せました。すると、このおばあちゃんは「書き順が違《ちが》う」と言って、丁寧《ていねい》にマリールイズさんに書き順を教えてくれたのです。

マリールイズさんはなぜ書き順が大事なのかはすぐには分からなかったといいます。

でも日本にいる間にしだいに〈見せかけで形をつくるのではなく、本当の形を学ぶことが大切だ〉ということが理《り》解《かい》できるようになりました。

「あのときおばあちゃんは、外国人の私《わたし》にも、日本人が大事にしていることを教えてくれたのだと思います。私《わたし》は、ひらがなをきちんと書けるよう心して練習するようになりました」

のちに、ひらがなを書けるということが、マリールイズさんと家族の命を救《すく》うことになるとは、このときは思ってもみませんでした。

マリールイズさんは命からがら逃《に》げてきた難民《なんみん》キャンプでファックスを見つけました。このファックスで日本の友人たちに向けて、「たすけて」と紙に書いて送ろうとしました。

そこをたまたま、日本から支援《しえん》活動のためにやってきた日本人の医師《いし》たちが通りかかったのです。彼《かれ》らはこの難民《なんみん》キャンプに日本語ができるルワンダ人がいると分かっておどろきました。

日本語ができるということでマリールイズさんは、彼《かれ》らの通訳《つうやく》として手伝うことになったのです。

そのおかげでしばらくして難民《なんみん》キャンプを脱出《だっしゅつ》して、安全な日本に行くことができたのでした。

「もしひらがなが書けなかったら、私《わたし》は日本人の医師《いし》とは出会えず、混乱《こんらん》のなかで家族の安全がどうなっていたのか分かりません。日本語を勉強していて本当に良かったと思いましたし、ひらがなの書き順を教えてくれたおばあちゃんに心から感《かん》謝《しゃ》しました」

ぼくが話を聞いたとき、とりわけマリールイズさんが熱心に語っていたのは、こうした教育の大切さについてでした。

「私《わたし》は何とか虐殺《ぎゃくさつ》から生き残りました。こんな悲しいことが起きたのは、教育が十分でなかったことが大きな原因《げんいん》だったと考えたのです。当時、地元のラジオ局が人々《ひとびと》を憎《にく》しみにかりたてるような、うその放送をしていました。教育を受けていなかった若者《わかもの》たちがそれを信じ込《こ》み、暴力《ぼうりょく》に走っていったのです。リーダーも若者《わかもの》を洗脳《せんのう》し、戦争や虐殺《ぎゃくさつ》に利用しました。本当に恐《おそ》ろしいことでした」

当時のルワンダでは、多くの人たちがラジオを聞いていて、とても影響力《えいきょうりょく》がありました。

みなさんがいまインターネットを検索《けんさく》したり、SNS《エスエヌエス》を使ったりしているのと同じで、当時のルワンダの人たちは、ラジオで色々《いろいろ》と情報《じょうほう》を集めていました。

しかしそのラジオが「ツチが爆発《ばくはつ》を起こした。連中が攻《せ》め込《こ》んでくるぞ」などとうその情報《じょうほう》を流したのです。フツの人たちのなかでも過激《かげき》な考えを持った人たちが、ツチの人たちを襲《おそ》わせようとたくらんだのでした。

マリールイズさんは、「ルワンダでラジオがうそのニュースを流して、大きな被《ひ》害《がい》をもたらしたことは、いまを生きる私《わたし》たちも気をつけなければいけない問題です」と言います。

いまはネット上に、フェイクニュースやうその情報《じょうほう》などがあふれているからです。憎《にく》しみをあおるようなメッセージも数多くＳＮＳ《エスエヌエス》に投稿《とうこう》されていることを、マリールイズさんはとても心配しています。

虐殺《ぎゃくさつ》を生き延《の》びたマリールイズさんは、〈時間がかかるかもしれないけど、教育をみんなに広げていくことが最も大切だ〉と、考えたのでした。

そのためにルワンダに新しく学校を作ろうと決心しました。

マリールイズさんは二〇〇〇年、ルワンダの子どもたちを支援《しえん》するため、「ルワンダの教育を考える会」を日本で立ち上げました。

そして日本からの支援《しえん》をもとに翌年《よくとし》、キガリに幼稚園《ようちえん》と小学校を作りました。
学校は、それまで小学校がなかった地《ち》域《いき》に作られました。
それが「ウムチョムイーザ学園」でした。

マリールイズさんは学校が始まったばかりのとき、子どもたちから悲しい言葉を聞いたことをいまでもせんめいに覚えています。
「学校が始まって最初に通い始めた子どもたちに、みんなの夢《ゆめ》は何って聞きました。そしたら、『おばちゃん、私《わたし》たち大人になれるかも分からないよ。夢《ゆめ》なんて考

笑顔の子どもたち

えられない』と言われたのです。そのとき私《わたし》は、この学園が、子どもたちの〈夢探《ゆめさが》しの場〉になるようにしなければ、と強く決意しました」

最初はふたつの教室しかない小さな学校でした。生徒のお父さんお母さんたちも手伝って、ひとつひとつのレンガを組んで毎年教室を増《ふ》やしていきました。いまでは教室は十五に増《ふ》えています。

校庭の一角には、多くの子どもたちが描《か》かれたカラフルな絵の壁《かべ》があり、そこに「ウムチョムイーザ学園」と書かれています。

その校庭では、子どもたちが元気よく遊んでいます。幼稚園《ようちえん》もあります。いまでは二二〇人以上の子どもたちがここに通っています。

学校では、世界中どこにいっても役に立つよう、外国語の勉強に力を入れています。それは、マリールイズさんが難民《なんみん》キャンプで日本語のひらがなができたおかげで奇跡《きせき》的な出会いがあり、命を救《すく》われた経験《けいけん》が背景《はいけい》にあるのでしょう。

現地《げんち》のルワンダ語に加え、公用語の英語やフランス語も幅広《はばひろ》く教えています。普《ふ》段《だん》の授業《じゅぎょう》も、すべて英語で行われています。このため子どもたちはみんな、英語が得意《とくい》です。

ぼくは、「ルワンダの教育を考える会」に紹介《しょうかい》してもらい、小学六年生のシュクールくんと小学五年生のエディソンくんに話を聞きました。

シュクールくんもエディソンくんも英語を上手《じょうず》に話しますが、なんと、日本語も勉強しているということでした。

「日本語を教えてくれる先生が学校にいます。イチ・ニ・サン・シ……、ジュウまで全部言えるよ」と元気よく話すシュクールくん。

エディソンくんも、「ぼくも日本語を習うのが好きさ。『ワタシのナマエはエディソンです。ルワンダからキマシタ』すごいでしょう」と得意《とくい》そうに話していました。

学校では、小学五年生と六年生は毎週金曜日、英語で意見を述《の》べ合うディベートの授業《じゅぎょう》も行っています。

ディベートとは、さまざまなテーマについて、異《こと》なる立場にわかれて議論《ぎろん》をすることです。

理論《りろん》的に意見を述《の》べて、相手の意見もよく聞きながら、説得《せっとく》できるようにします。

この日は、「科学技術《ぎじゅつ》」をテーマに子どもたちが話しあいました。

シュクールくんは、「科学は国の発展《はってん》に役立ちますが、自然を壊《こわ》すことがあるので気をつけなければならないと思います」と話しました。

シュクールくんは自分が話していないときは、ほかの子どもたちの話もちゃんと聞いていました。

みんな学校が大好き

ディベートを通じて、「疑問《ぎもん》をいだく」「意見を交換《こうかん》して相手を理解《りかい》する」力をたくわえていってほしいというねらいがあります。

学校がディベートの授業《じゅぎょう》に力を入れているのは、虐殺《ぎゃくさつ》の悲劇《ひげき》を繰《く》り返さないためでもあります。対立してもお互《たが》いに理解《りかい》し合うために努力していこうという姿勢《しせい》は、争いではなく、平和につながっていくからです。

学校では社会科の時間も、平和学習を行うようにしています。

エディソンくんは、授業《じゅぎょう》で学んだことをこう話していました。

「どうすれば、平和を守ることができるのか、勉強しています。先生からは、ハーモニー(日本語でいう「調和」、つまり争わない、仲よくするという意味です)が大切だと言われました。またチームワークも平和のためには大切だと先生は言っていました」

前に出てきた運動会でも、マリールイズさんが運動会では「チームワークを高めることにとても役立つ」と言っていましたね。

そうです。運動会も平和の実現《じつげん》のために大切なイベントだと学校では考えているのです。

さらに、クラブ活動のなかに、平和学習のためのクラブもあります。

その名も「ピースクラブ」です。

シュクールくんは、小学五年生のとき「ピースクラブ」に入っていました。

クラブの生徒たちと一緒《いっしょ》に、全国生徒の前でコメディー劇《げき》を演《えん》じたそうです。

シュクールくんは、お店の警備員《けいびいん》役でした。

お客と店の人がケンカしそうになるのを止めて、解決《かいけつ》するために色々《いろいろ》と工夫をするという役でした。

「みんなは笑いながら、平和を守っていくというメッセージを感じてくれたと思います。一生懸命《いっしょうけんめい》に練習して劇《げき》をしたかいがありました」

マリールイズさんや、学校の先生たちには、〈平和を二度と失ってはいけない〉という、強い覚悟《かくご》があります。

そして辛《つら》い歴史《れきし》を知っているからこそ、学校現場《げんば》では、子どもたちが夢《ゆめ》を持てるよう、いつも励《はげ》ますようにしています。

シュクールくんの将来《しょうらい》の夢《ゆめ》は、コンピュータープログラマーになってロボットを作ることです。

どうしてロボットかと言うと……。

「コロナのときに多くの医者や看護師《かんごし》が患者《かんじゃ》の治療《ちりょう》をしていて、自分も感染《かんせん》してしまい、亡《な》くなりました。患者《かんじゃ》の命を救《すく》おうとして病院の人たちが死んでしまうなんて悲しいです。ぼくがロボットを作って、医者がこのロボットを操作《そうさ》して治療《ちりょう》すれば、安全に患者《かんじゃ》の病気をなおすことができると思ったのです。ですから、ぼくは、たくさんのロボットを作って、ルワンダの人たちの役に立ちたいです」

実はコロナ禍《か》でルワンダも大変な状況《じょうきょう》でした。

多くの人たちが仕事を失い、子どもたちを学校に通わせる授業料《じゅぎょうりょう》も払《はら》えなくなりました。

資金《しきん》もなくなる中で、それでもマリールイズさんたちは、〈子どもたちのための学校をなくしてはならない、守っていかなければならない〉と必死の思いで、学校運営《うんえい》を続けました。日本もコロナで大変な状況《じょうきょう》でしたが、日本の人たちからの支援《しえん》も寄《よ》せられました。おかげでコロナ後のいまも、「ウムチョムイーザ学園」は学校を続けることができています。

シュクールくんの家は貧《まず》しくてパソコンもありませんが、学校には、パソコンを使える「コンピューターラボ」も作られました。

シュクールくんは、そこでよくコンピューターの勉強をしているということです。

また学年で成績《せいせき》がトップだというエディソンくんも、こう話していました。

「ぼくは大人になったら、医者になりたい。お母さんが病気になることが多くて助けてあげたいんだ。お年寄《としよ》りの人たちの病気も治してあげたい。医者になるため、数学とか理科とか、理数系《けい》の科目を一生懸命《いっしょうけんめい》勉強しているよ」

ルワンダは、IT《アイティー》や先端技術《せんたんぎじゅつ》に力を入れている国です。

シュクールくんやエディソンくんのように、将来《しょうらい》は、もっと科学を学んで社会の役に立ちたいと思っている子どもたちがたくさん育っています。

「ウムチョムイーザ学園」は設立《せつりつ》されてから二〇年以上がたちました。

この小学校を卒業した卒業生も九〇〇人を超《こ》えています。

卒業生の一人でいまは高校三年生のアナイーズ・ウムグワネーザさん（十七歳《さい》）に話を聞きました。

家が貧《まず》しかったため、「ルワンダの教育を受ける会」から奨学金《しょうがくきん》をもらいながら、中学校や高校に通ってきました。

「ウムチョムイーザ学園」での思い出で特に楽しかったことは音楽の時間だと言います。

「学校にはピアノもあって、みんなでよく歌っていました。日本語の歌も歌いましたよ」

そう言って「チューリップ」の歌を少し歌ってくれました。

アナイーズさんの将来《しょうらい》の夢《ゆめ》は、ソフトウェアエンジニアです。

「きっかけは、ウムチョムイーザ学園にデスクトップのパソコンがあって、とても興味《きょうみ》を持ちました。それ以来、中学でも高校でもコンピューターについて勉強してきました。ソフトウェアエンジニアになって、社会の役に立つアプリを開発したいんです。あとサイバーセキュリティーの専門家《せんもんか》になりたい。海外にも行って、世界のコンピューターの安全を守るために活躍《かつやく》したいのです」

アナイーズさんはいつか海外に行ったときに困《こま》らないよう、ウムチョムイーザ学園を卒業した後も、英語やフランス語の勉強を一生懸命《いっしょうけんめい》続けているそうです。

コンピューターの勉強で夢《ゆめ》をかなえる

アフリカでは、女の子より男の子のほうが優先《ゆうせん》され、女の子が教育を受ける機会が十分でなかったり、女性《じょせい》が男性《だんせい》より仕事を見つけにくかったりするような地域《ちいき》がありますす。

社会に出て活躍《かつやく》したいというアナイーズさんに意見を聞くと……。

「ルワンダは、世界でも女性《じょせい》が社会でよく働いている国のひとつです。議会でも、女性《じょせい》の国会議員の割合《わりあい》は六〇パーセントを超《こ》えていて、世界でも女性《じょせい》議員の割合《わりあい》が最も高いと言われています。だから、私《わたし》も女性《じょせい》だからといって自分のキャリアや、やりたいことをあきらめることはありません。ただ自分の夢《ゆめ》のために努力するだけ。ソフトウェアエンジニアになって社会のために貢献《こうけん》したい。私《わたし》は頑張《がんば》れる！　一歩一歩夢《ゆめ》に近づきたい」

かつて「大人になれるかも分からない」と言って、夢《ゆめ》を持つことができないでいた「ウムチョムイーザ学園」の子どもたち。

でも今では、マリールイズさんが願った通りに、教室には、夢《ゆめ》がたくさんあふれています。

来年も七〇人以上の子どもが新たに小学校に入学します。

ここで学んだ子どもたちが虐殺《ぎゃくさつ》の歴史《れきし》を乗り越《こ》えて新たな国造《づく》りに役立ってくれることがマリールイズさんの何よりの願いです。

大きな悲劇《ひげき》を乗り越《こ》えるために積み重ねた「一歩」は、とても大変なものだったに違《ちが》いありません。

ぼくはその歩みに、とても胸《むね》が熱くなりました。

味田村太郎（みたむら・たろう）

NHK記者。慶應義塾大学在学中よりアフリカで支援活動を行う。2014年から、初代ヨハネスブルク支局長として、アフリカ30か国以上で取材。紛争で苦しむ人々や、野生動物をめぐる問題、子どもたちの教育について取材を行う。『この世界からサイがいなくなってしまう―アフリカでサイを守る人たち』にて、「第8回子どものための感動ノンフィクション大賞」最優秀賞を受賞。

装画　酒井以
装丁　喜來詩織（エントツ）
校正　株式会社文字工房燦光

キミの一歩 アフリカ
ゾウを食べるにはひと口ずつ

2025年3月25日　初版発行

文　味田村太郎
発行者　岡本光晴
発行所　株式会社あかね書房
〒101-0065
東京都千代田区西神田3-2-1
電話　営業（03）3263-0641
　　　編集（03）3263-0644
印刷　中央精版印刷株式会社
製本　株式会社難波製本

NDC914　175ページ　19cm×13cm

ISBN978-4-251-09643-2

※本文中に記載のない写真は著者撮影のものです。